Bébé mange (presque) comme les grands

Julie Schwob
Photographies de Guillaume Czerw

LAROUSSE
21 rue du Montparnasse 75283 Paris Cedex 06

Sommaire

Vendredi c'est...	Samedi c'est...	Dimanche c'est...
POISSON ET COMPAGNIE	EASY EASY	ENTRE AMIS
18-19 Dorade farcie aux herbes et aux courgettes + recettes pour bébé	20-21 Blanquette de veau express + recettes pour bébé	24-25 Muffins aux petits pois (pour le brunch) + recettes pour bébé
34-35 Cabillaud pané maison aux tomates + recettes pour bébé	36-37 Hachis parmentier aux deux purées + recettes pour bébé	38-39 Couscous de légumes à l'agneau + recettes pour bébé
50-51 Filet de limande à la crème de brocolis + recettes pour bébé	52-53 Œufs cocotte en tomate au jambon et au basilic + recettes pour bébé	56-57 Wraps aux légumes croquants (pour le pique-nique) + recettes pour bébé
68-69 Papillote de saumon aux légumes du jardin + recettes pour bébé	70-71 Paillasson de courgettes au jambon + recettes pour bébé	72-73 Brochettes de viande au barbecue + recettes pour bébé

Dates à retenir

Anniversaires

74-75
Fraisier maison
+ recettes pour bébé

76-77
Charlotte poire-chocolat
+ recettes pour bébé

Bébé mange (presque) comme les grands… mais quelle idée ! ?

L'idée de ce livre m'est venue lors d'un repas de famille. Nous étions quinze à table, grands-parents, parents, cousins, cousines, enfants nouveau-nés ou déjà grands… Je me suis vite rendu compte que pour un repas pris en commun, personne ne mangeait réellement la même chose.

Chaque maman avait consciencieusement préparé le petit pot maison pour son dernier-né, le petit plat du plus grand… Bref, plusieurs d'entre nous ont passé un temps infini dans la cuisine pour satisfaire les besoins et les désirs gourmands des plus jeunes.

Au quotidien, cela nous arrive aussi… Nous prévoyons souvent trois repas différents pour trois âges. Et comme nous manquons parfois (souvent ?) de temps, les petits finissent par manger du jambon-purée un peu trop souvent et les parents grignotent à la va-vite !

Je vous propose ici une nouvelle façon de préparer les repas de famille, sans stress ni multiplications de recettes. À partir du plat des parents (qui conviendra aussi aux ados) se déclinent des recettes adaptées aux petits, dans le respect des recommandations des pédiatres et tout en développant les papilles des enfants ! Tout se cuisine à partir d'une même liste d'ingrédients, seules les quantités s'ajustent en fonction de la composition de la famille.

Quatre semaines de recettes savoureuses pour papa, maman et les petits !

Vous découvrirez dans les pages qui suivent 30 recettes gourmandes, soit un mois d'idées de repas. Pour chaque jour de la semaine a été attribuée une thématique : lundi c'est volaille et compagnie, mardi c'est pizza et tutti quanti, mercredi c'est menu veggie, etc. Vous pourrez tester aussi 2 idées de gâteau d'anniversaire déclinées pour tous, car la fête n'a pas d'âge !

Volontairement simples mais savoureuses, ces recettes vous demanderont peu de temps de préparation et de cuisson. Pour rendre leur réalisation encore plus simple, j'ai utilisé le plus souvent un seul mode de cuisson : si le plat des adultes cuit au four, ceux des enfants se glissent à côté, dans des récipients plus petits ; il en est de même pour les cuissons à la poêle ou à l'eau.

Trois tranches d'âge pour satisfaire les besoins spécifiques

Les besoins alimentaires et les goûts évoluent rapidement entre 6 mois et 3 ans. C'est pourquoi les plats des petits sont répartis en 3 tranches d'âge : les purées lisses à base d'un ou de deux ingrédients pour le début de la diversification (6-8 mois), des plats à la composition et aux textures plus variées pour les 9-12 mois, et enfin les vrais plats pour les 1-3 ans. J'ai essayé de proposer à chaque fois 2 variations pour chaque tranche d'âge afin d'éviter la répétition et même éveiller le goût des petits mangeurs les plus récalcitrants !

La diversification alimentaire, un vrai plaisir !

L'important, c'est le plaisir ! La diversification est un fabuleux moment de découverte pour les petits. Elle passe par les couleurs, les odeurs, les saveurs nouvelles. Il faut surprendre les petits, quitte à vous surprendre vous-même !

Côté légumes, commencez par les saveurs douces – carotte, haricots verts, épinards, pomme de terre, fenouil, betterave – puis, petit à petit, ajoutez les tomates (plus acides), les choux (plus lourds à digérer). Contrairement à ce que l'on pourrait penser, les petits aiment une très grande variété de saveurs si on les leur propose tôt : n'hésitez pas à tenter les endives cuites, le fenouil, les champignons, les navets, les brocolis, les épinards, etc. Ne vous restreignez pas à la purée de carotte ! Quant aux fruits, ils peuvent tous être goûtés rapidement, sauf les fruits exotiques que l'on réserve aux petits de plus de 1 an.

LISTE DES COURSES

- Les recettes pour les petits se préparent avec les mêmes ingrédients (ou une partie seulement) que la recette principale (celle des adultes).
- Une liste des courses reprend tous les ingrédients de la recette principale. Complétez-la selon la composition de votre famille, en y ajoutant les quantités de la recette du bébé.

Lorsqu'ils commenceront à manger des produits laitiers, faites-leur découvrir des fromages forts en goût : comté, morbier, camembert, munster… Vous serez surpris de les voir adorer des fromages auxquels vous n'auriez pas spontanément pensé. Faites de même pour les épices, les herbes et les aromates. Pourquoi ne pas en ajouter à vos préparations ? Cela éveillera les papilles de vos petits !

Concernant les allergies, suivez les conseils de votre pédiatre qui connaît bien vos enfants, mais sachez qu'il est désormais conseillé de ne pas trop attendre pour faire goûter les fruits rouges, les produits contenant du gluten (pain, semoule…), car les enfants seraient plus à même de résister aux allergies s'ils sont confrontés tôt aux allergènes potentiels (à partir de 6 mois). Évitez néanmoins de leur donner trop tôt des fruits à coque qu'ils auront de toute façon du mal à manger, faute de pouvoir les croquer, et qu'ils auront tendance à avaler tout rond.

L'objectif de ce livre est de simplifier votre vie de super-maman ou de super-papa, et de vous permettre de passer de bons moments à table avec vos petits. Faites-leur plaisir et faites-vous plaisir aussi !

Bon appétit à tous,

Julie Schwob

Quelques repères pour l'alimentation des petits

Votre pédiatre vous a sûrement conseillé quant aux grandes étapes de la diversification alimentaire. Voici, à titre de rappel, les grandes lignes du parcours du bébé.

À partir de 6 mois

À cet âge, on commence à faire découvrir légumes et fruits au bébé, d'abord avec une seule saveur puis en mélangeant plusieurs ingrédients. L'important, c'est la découverte ; les volumes de légumes et de fruits ne doivent pas réellement compter. Tout dépend de l'appétit et de la corpulence du bébé. Certains seront rassasiés de peu, d'autres en voudront beaucoup. Pour avoir un ordre d'idée, on pourra donner jusqu'à 200 g de légumes-féculents par jour. Les textures doivent être très lisses (purées ou soupes). Les protéines sont introduites petit à petit en commençant par les viandes blanches et les poissons, dans la limite de 10 g par jour ou de 3 g par kilo du poids de l'enfant. On ne sale pas et on cuit sans matière grasse. On introduit progressivement les produits laitiers (un seul par jour).

À partir de 9 mois

Avec l'apparition de plusieurs dents, les petits peuvent découvrir le croquant, le croustillant. Ils dégustent des petits bouts de haricots verts ou de carottes, des petits pois bien cuits, des petites pâtes, des grains de riz… On pourra augmenter le volume de légumes-féculents à 350 g, voire à 400 g par jour. Mais, là encore, ce sera selon les appétits et les corpulences. On évite encore de saler et d'ajouter de la matière grasse à la cuisson des viandes et poissons. Les protéines (viande-poisson-œuf) doivent se limiter à 15 g par jour. Pour l'œuf, on commence par un demi-œuf dur écrasé.

Entre 1 et 3 ans

Le volume de légumes-féculents se stabilise autour de 400 g par jour. Toutes les textures sont admises car les dents autorisent aussi bien les purées que les morceaux, le mou comme le craquant. Entre 1 et 3 ans, on augmente progressivement l'apport de protéines pour atteindre 30 g par jour à 3 ans. À cet âge, nous avons souvent le tort de donner trop de viande à nos enfants, pensant qu'ils peuvent manger comme de « petits adultes ». Cela fait travailler beaucoup leurs reins.

Au-delà de 3 ans

Pour les années suivantes, retenez qu'il faut augmenter la consommation de viande-poisson-œuf de 10 g par année : ainsi, à 5 ans, un enfant doit manger 50 g de viande ou de poisson (et 1 œuf), à 8 ans, 80 g.
Les recettes de ce livre proposent des plats qui apportent environ la moitié de ce qu'un enfant mange en légumes-féculents par jour. Celles pour les 6-8 mois contiennent environ 100 g de légumes-féculents et parfois des protéines. Les recettes pour les 9-12 mois représentent environ 200 g de légumes-féculents et des protéines ; celles pour les petits de 1 à 3 ans, environ 250 g. Cela vous laisse donc libre de compléter les apports nutritionnels à votre façon sur les autres repas de la journée.

Quantités par jour recommandées

	6 à 8 mois	9 à 12 mois	1 à 3 ans
Légumes-féculents	200 g	350 à 400 g	400 g
Viande-poisson-œuf	10 g (pas d'œuf), soit 1 cuill. à soupe	10 à 15 g (demi-jaune d'œuf), soit 1 cuill. à soupe bombée	15 à 30 g (1 œuf), soit 1 à 2 cuill. à soupe bombées
Matière grasse	aucune	aucune	quelques gouttes
Produits laitiers	facultatif en plus des biberons	1 portion	2 portions
Sel	non	non	très peu

Haricots verts mixés au lait de coco pour Lucien (7 mois)
Sauté de poulet aux petits légumes pour papa
Mini-sauté de poulet au curry pour Gaston (3 ans)

Sauté de poulet
aux petits légumes
pour maman

LISTE DES COURSES

- filets de poulet
- haricots verts (frais ou surgelés)
- carottes
- beurre
- curry en poudre
- lait de coco
- noix de cajou
- riz basmati

À la place des noix de cajou, vous pouvez utilser des cacahouètes ou des amandes concassées.

Sauté de poulet aux petits légumes

POUR 2 PERSONNES
PRÉPARATION : 15 min
CUISSON : 25 min environ

- 2 filets de poulet
- 200 g de haricots verts, (frais ou surgelés)
- 2 carottes
- 50 g de beurre
- 1/2 cuill. à café de curry en poudre
- 50 cl de lait de coco
- 30 g de noix de cajou
- 150 g de riz basmati
- sel et poivre

> Coupez les filets de poulet en carrés réguliers. Rincez les haricots ; coupez-les en tronçons. Pelez les carottes et détaillez-les en bâtonnets.

> Dans une poêle, mettez à fondre 50 g de beurre et faites-y dorer le poulet de tous les côtés à feu vif. Saupoudrez de curry, salez et poivrez ; remuez bien.

> Versez le lait de coco et baissez le feu. Ajoutez les haricots, les carottes et les noix de cajou. Laissez cuire 20 min à feu doux ; si le lait de coco épaissit trop, ajoutez un peu d'eau au fur et à mesure.

> En parallèle, faites cuire le riz à l'eau bouillante salée.

> Servez le sauté de poulet bien chaud, accompagné de riz.

RECETTES POUR BÉBÉ

DE 6 À 8 MOIS :

Purée de carotte

Faites cuire une 1/2 carotte (70 g) coupée en dés pendant 15 min à l'eau bouillante. Égouttez et mixez finement avec 1 dose de lait maternisé et 30 ml d'eau.

Purée carotte-haricots verts

Faites cuire 30 g de carotte coupée en dés et 70 g de haricots verts à l'eau bouillante pendant 10 min. Égouttez et mixez finement.

DE 9 À 12 MOIS :

Haricots verts mixés au lait de coco

Faites cuire 200 g de haricots verts à l'eau bouillante. Mixez-les, ajoutez 1 cuill. à café de lait de coco et, au besoin, un peu d'eau.

Purée de haricots verts au poulet

Faites cuire à la vapeur 190 g de haricots verts et 10 g de poulet. Mixez-les finement et ajoutez 1 cuill. à café de lait de coco.

DE 1 À 3 ANS :

Mini-sauté de poulet au curry

Faites cuire 30 g de poulet à la vapeur. Mixez-le finement. Servez avec l'accompagnement de légumes du plat des adultes et un peu de riz. Si la sauce vous paraît trop épicée, délayez-la avec un peu d'eau.

Purée de carotte au poulet et au curry

Faites cuire à la vapeur 30 g de poulet et 1 carotte coupée en dés. Réduisez en purée, ajoutez une pointe de couteau de curry et mélangez bien.

LISTE DES COURSES

- pâte brisée préétalée
- oeufs
- poireaux
- dés de jambon cuit
- morbier
- lait
- crème liquide

Poireaux, mais aussi brocolis ou choux de Bruxelles : variez les légumes de cette tarte au gré des saisons.

Tarte poireaux-jambon-morbier

POUR 2 PERSONNES
PRÉPARATION : 15 min
CUISSON : 30 min

- 2 poireaux
- 2 œufs + 2 jaunes d'œufs
- 25 cl de lait
- 25 cl de crème liquide
- 1 pâte brisée préétalée
- 200 g de dés de jambon cuit
- 100 g de morbier
- sel et poivre

> Lavez les poireaux, coupez-les en tronçons. Faites-les blanchir dans de l'eau bouillante salée pendant 5 min, puis égouttez-les.
> Préchauffez le four à 200 °C (therm. 6-7).
> Battez en omelette les œufs entiers et les jaunes d'œufs. Ajoutez le lait et la crème liquide ; salez et poivrez.
> Coupez le morbier en fines lamelles.
> Déroulez la pâte avec le papier sulfurisé et garnissez-en un moule à tarte de 20 cm de diamètre. Piquez le fond avec une fourchette.
> Disposez les dés de jambon et les poireaux sur la pâte. Versez dessus les œufs battus. Parsemez de lamelles de morbier.
> Faites cuire au four 30 min.

RECETTES POUR BÉBÉ

DE 6 À 8 MOIS :

Purée verte et haché rose

Faites cuire 80 g de blanc de poireau à l'eau bouillante pendant 10 min. Mixez finement, ajoutez un peu d'eau au besoin. Hachez finement 20 g de jambon.

Soupe de poireau

Faites cuire 70 g de poireau (vert et blanc) à l'eau bouillante salée pendant 10 min. Mixez finement. Mélangez avec 1 dose de lait maternisé et 30 ml d'eau.

DE 9 À 12 MOIS :

Poireau vinaigrette au morbier

Faites cuire 200 g de poireau à l'eau bouillante salée pendant 10 min. Rafraîchissez-le, puis coupez-le en dés. Servez avec une vinaigrette et quelques dés de morbier.

Soupe de poireau au morbier

Faites cuire 150 g de poireau à l'eau bouillante salée pendant 10 min. Mixez avec 2 doses de lait maternisé et 60 ml d'eau de cuisson. Réchauffez et ajoutez quelques lamelles de morbier.

DE 1 À 3 ANS :

Gratin de poireau au morbier

Faites cuire 250 g de poireau à l'eau bouillante salée pendant 10 min. Coupez-le en dés. Mélangez 1 œuf battu avec 2 cuill. à soupe de lait entier. Versez l'ensemble dans un petit moule à gratin ; salez et poivrez. Parsemez de quelques lamelles de morbier. Faites cuire de 15 à 20 min au four, en même temps que la tarte des adultes.

Omelette au poireau et au morbier

Faites cuire 200 g de poireau à l'eau bouillante salée pendant 10 min. Battez 1 œuf, ajoutez le poireau coupé en dés, mélangez, puis ajoutez 1 cuill. à soupe de morbier râpé et 1 cuill. à soupe de lait. Dans une poêle, mettez à fondre 20 g de beurre et faites-y cuire l'omelette 5 min, à feu doux.

LISTE DES COURSES

- banane
- pamplemousse
- citron
- figues violettes
- laitue
- avocat
- mimolette
- noix de cajou
- oeufs
- huile d'olive

Hors saison, remplacez les figues fraîches par des figues séchées ou semi-moelleuses.

Salade fraîcheur

POUR 2 PERSONNES
PRÉPARATION : 20 min
CUISSON : 10 min

- 1/2 laitue
- 1 pamplemousse
- 1 banane
- 1 avocat, le jus de 1 citron
- 4 figues violettes
- 2 œufs
- quelques noix de cajou
- 100 g de mimolette
- 2 cuill. à soupe d'huile d'olive
- sel et poivre

> Lavez et essorez la laitue ; coupez-la en lanières. Pelez à vif le pamplemousse et séparez les quartiers ; gardez le jus qui s'écoule. Pelez la banane et coupez-la en rondelles. Pelez l'avocat et détaillez la chair en gros dés. Arrosez la banane et l'avocat de jus de citron pour éviter qu'ils noircissent. Rincez les figues et coupez-les en quartiers. Faites durcir les œufs pendant 10 min.

> Répartissez les ingrédients dans deux grandes assiettes. Ajoutez quelques noix de cajou et les œufs durs écalés et coupés en quartiers. Détaillez la mimolette en cubes et répartissez ceux-ci dans les assiettes.

> Préparez une vinaigrette en mélangeant le jus de pamplemousse récupéré, l'huile d'olive, du sel et du poivre. Assaisonnez-en la salade et dégustez.

RECETTES POUR BÉBÉ

DE 6 À 8 MOIS :

Mousse avocat-banane
Mixez finement un 1/4 d'avocat avec une 1/2 banane.

Mousse avocat-pamplemousse
Mixez un 1/2 avocat avec 1 cuill. à café de jus de pamplemousse.

DE 9 À 12 MOIS :

Guacamole au pamplemousse
Mixez un 1/2 avocat avec un 1/2 quartier de pamplemousse. Servez le guacamole avec 1 quartier de pamplemousse que vous écraserez avant de servir.

Mousse banane-figue
Pelez une 1/2 banane et 2 figues. Mixez-les finement.

DE 1 À 3 ANS :

Avocat à la vinaigrette de pamplemousse
Préparez une vinaigrette avec 1 cuill. à café de jus de pamplemousse, 1 cuill. à soupe d'huile d'olive et un 1/2 quartier de pamplemousse écrasé. Coupez 1 avocat en deux, retirez le noyau. Servez-en une moitié avec la vinaigrette de pamplemousse.

Verrine avocat-pamplemousse-figues
Retirez la membrane de 3 quartiers de pamplemousse. Écrasez à la fourchette 2 figues pelées, puis un 1/2 avocat. Remplissez un verre avec l'avocat, le pamplemousse en petits morceaux et finissez par de la figue écrasée. Déposez 2 noix de cajou grossièrement hachées. Arrosez de 1 cuill. à café de vinaigrette du plat des adultes.

LISTE DES COURSES

- tomates fraîches ou tomates pelées en boîte
- coulis de tomates
- carottes
- oignon
- viande de boeuf hachée
- vin blanc sec
- bouillon de volaille dégraissé
- spaghettis
- huile d'olive
- thym frais

Spaghettis à la bolognaise

POUR 2 PERSONNES
PRÉPARATION : 20 min
CUISSON : 1 h environ

- 250 g de tomates fraîches (ou de tomates pelées en boîte)
- 1 oignon
- 1 carotte
- 2 cuill. à soupe d'huile d'olive
- 200 g de viande de bœuf hachée
- quelques brins de thym frais
- 30 cl de coulis de tomates
- 12 cl de vin blanc sec
- 25 cl de bouillon de volaille dégraissé
- spaghettis selon votre appétit
- sel et poivre

>Plongez les tomates dans de l'eau bouillante pendant 1 min. Égouttez-les puis retirez leur peau. Coupez-les en dés.

>Pelez et émincez l'oignon. Pelez la carotte et coupez-la en tout petits dés.

>Dans une cocotte, mettez à chauffer l'huile d'olive et faites-y suer l'oignon 2 ou 3 min à feu doux. Ajoutez la carotte et la viande hachée ; remuez bien et laissez la viande dorer, puis réservez-la au chaud.

>Ajoutez les tomates et le thym dans la cocotte, puis versez le coulis de tomates, le vin et le bouillon de volaille. Laissez cuire à petits bouillons pendant 45 min ; salez et poivrez cette sauce bolognaise.

>Quand la sauce a réduit, faites cuire les spaghettis dans un grand volume d'eau bouillante salée. Servez les pâtes d'abord, puis déposez la sauce bolognaise dessus. Dégustez bien chaud.

RECETTES POUR BÉBÉ

DE 6 À 8 MOIS :

Purée de carotte et coulis de tomates

Faites cuire 1 petite carotte (80 g) coupée en dés 15 min à l'eau bouillante. Mixez finement en ajoutant 1 cuill. à soupe de coulis de tomates.

Soupe carotte-oignon

Faites cuire 1 petite carotte (80 g) coupée en dés et 10 g d'oignon 15 min à l'eau bouillante. Mixez finement avec 3 ou 4 cuill. à soupe de bouillon de volaille.

DE 9 À 12 MOIS :

Soupe de tomate aux petites pâtes

Faites cuire 1 belle tomate (120 g) sans la peau avec une 1/2 carotte (60 g) coupée en dés pendant 15 min à l'eau bouillante salée en ajoutant à la fin quelques spaghettis. Lorsque les légumes sont cuits, égouttez les ingrédients. Retirez les pâtes et coupez-les en très petits morceaux. Mixez les légumes en ajoutant au besoin un peu d'eau de cuisson, puis mélangez avec les pâtes et servez.

DE 1 À 3 ANS :

Boulettes de bœuf et coulis de tomates

Mixez 30 g de viande avec un 1/4 d'oignon, 1 cuill. à café de coulis de tomates et 2 brins de thym. Salez et poivrez légèrement. Façonnez 2 ou 3 boulettes et faites-les cuire dans une poêle avec 1 cuill. à soupe d'huile d'olive pendant 5 min en les retournant. Servez avec du coulis de tomates.

Soupe de carottes aux petites pâtes

Dans une casserole, faites suer un 1/2 oignon haché avec 1 cuill. à café d'huile d'olive. Ajoutez 30 g de viande ; remuez bien. Ajoutez 2 carottes (200 g) coupées en petits dés. Versez 25 cl de bouillon puis ajoutez 10 spaghettis coupés en petits morceaux et 2 brins de thym. Laissez cuire 15 min.

LISTE DES COURSES

- dorade royale (vidée et écaillée)
- courgette
- oignon
- citron
- un mélange d'herbes fraîches au choix
- fromage frais à tartiner
- huile d'olive
- coriandre en graines

Dorade farcie aux herbes et aux courgettes

POUR 2 PERSONNES
PRÉPARATION : 10 min
CUISSON : 30 min

- 1/2 oignon,
- 1 courgette
- 1/2 citron
- 4 cuill. à soupe d'huile d'olive
- herbes fraîches (romarin, basilic, persil, estragon)
- 50 g de fromage frais à tartiner
- 1 dorade royale de 1 kg, vidée et écaillée
- 1 cuill. à soupe de graines de coriandre
- sel et poivre

> Préchauffez le four à 180 °C (therm. 6).

> Pelez le 1/2 oignon et coupez-le en tranches fines. Rincez la courgette et coupez-la en fines rondelles. Rincez le 1/2 citron et coupez-le également en rondelles.

> Versez 2 cuill. à soupe d'huile d'olive dans un plat à gratin. Déposez la moitié des rondelles de citron, d'oignon et de courgette.

> Hachez grossièrement 1 branche de romarin, quelques feuilles de persil, de basilic et d'estragon. Mélangez avec le fromage frais, salez et poivrez.

> Lavez et épongez la dorade, puis farcissez-la de mélange aux herbes. Ajoutez le reste de rondelles de citron, de courgette et d'oignon.

> Déposez la dorade dans le plat. Arrosez-la de 2 cuill. à soupe d'huile d'olive, salez et poivrez, puis parsemez de graines de coriandre. Versez 15 cl d'eau au fond du plat et enfournez pour 30 min.

RECETTES POUR BÉBÉ

DE 6 À 8 MOIS :

Purée de courgette aux herbes

Dans une papillote bien hermétique, faites cuire au four 100 g de courgette coupée en petits dés et des feuilles d'herbes fraîches, pendant 20 min. Mixez.

Purée de courgette et d'oignon

Dans une papillote bien hermétique, faites cuire au four, pendant 20 min, 80 g de courgette coupée en petits dés et un 1/4 d'oignon haché. Mixez finement.

DE 9 À 12 MOIS :

Purée de courgette à la dorade

Faites une papillote avec 1 petite courgette (150 g) coupée en dés, un 1/4 d'oignon blanc et 10 g de dorade crue, le tout saupoudré de quelques feuilles d'herbes fraîches. Fermez la papillote hermétiquement et faites cuire 20 min au four, en même temps que le plat des adultes. Mixez finement en ajoutant 1 cuill. à café rase de fromage frais.

DE 1 À 3 ANS :

Ceviche de dorade à la courgette

Coupez en très petits dés 30 g de dorade crue et 1 courgette (150 g). Faites une vinaigrette avec 1 cuill. à soupe de jus de citron, 1 cuill. à soupe d'huile d'olive et un peu d'herbes ciselées. Versez-la sur la dorade et mélangez. Placez au frais 30 min pour que le poisson « cuise » dans le jus de citron.

Nid de courgette et dorade

Détaillez 1 courgette en très fines lanières à l'aide d'un épluche-légumes. Disposez celles-ci dans un petit plat à gratin pour former un nid. Déposez 30 g de dorade au centre. Arrosez de 1 cuill. à café de jus de citron et de 1 cuill. à café d'huile d'olive ; salez et poivrez. Ajoutez quelques herbes fraîches. Faites cuire 30 min au four, avec le plat des adultes.

LISTE DES COURSES

- épaule de veau
- oignon, carottes
- poireau
- champignons de Paris
- pommes de terre
- citron
- bouquet garni
- crème liquide
- beurre
- farine
- oeufs
- clous de girofle
- coriandre en graines
- riz

Blanquette de veau express

POUR 2 PERSONNES
PRÉPARATION : 20 min
CUISSON : 35 min environ

- 2 carottes
- 150 g de champignons de Paris
- 4 pommes de terre
- 1 poireau
- 1 oignon, 1 clou de girofle
- 300 g d'épaule de veau
- 70 g de beurre
- 1 bouquet garni
- 1 cuill. à café de graines de coriandre
- 20 g de farine
- 15 cl de crème fraîche liquide
- 1 jaune d'œuf
- le jus de 1/2 citron
- sel et poivre

> Pelez les carottes et coupez-les en grosses rondelles. Pelez les champignons et les pommes de terre ; coupez-les en quartiers. Rincez le poireau, retirez la partie verte abîmée. Pelez l'oignon et piquez-le avec le clou de girofle.

> Coupez la viande en gros cubes. Dans un autocuiseur, faites fondre 50 g de beurre à feu moyen et saisissez la viande de tous les côtés. Versez 75 cl d'eau (elle doit recouvrir la viande). Portez à ébullition, puis écumez. Ajoutez les légumes, le bouquet garni, la coriandre et, au besoin, un peu d'eau. Faites cuire 20 min à partir de la rotation de la soupape. Ôtez du feu.

> Dans une casserole, faites fondre 20 g de beurre à feu moyen. Ajoutez la farine, mélangez puis versez 2 louches de bouillon de cuisson. Fouettez et laissez épaissir quelques instants en remuant.

> Dans un bol, mélangez la crème fraîche avec le jaune d'œuf et le jus de citron. Hors du feu, versez dans la casserole ; salez et poivrez. Versez cette préparation dans l'autocuiseur et mélangez. Servez la blanquette aussitôt, avec du riz en accompagnement.

RECETTES POUR BÉBÉ

DE 6 À 8 MOIS :

Purée poireau-pomme de terre

Ajoutez 50 g de pomme de terre et 50 g de poireau dans la cuisson de la viande. Mixez finement.

Soupe de carotte et de pomme de terre

Ajoutez 50 g de carotte et 50 g de pomme de terre dans la cuisson de la viande. Mixez-les finement en ajoutant une 1/2 louche de bouillon de cuisson.

DE 9 À 12 MOIS :

Velouté de poireau et dés de carotte

Ajoutez 100 g de vert de poireau, 50 g de pomme de terre et 50 g de carotte dans la cuisson de la viande. Mixez-les, sans la carotte, avec 2 cuill. à café de crème liquide. Coupez la carotte en très petits dés et ajoutez-les sur le velouté.

Purée carotte-champignons

Ajoutez 2 champignons de Paris (70 g), 80 g de carotte et 50 g de pomme de terre dans la cuisson de la viande. Mixez finement.

DE 1 À 3 ANS :

Petit pot-au-feu de veau

Ajoutez 30 g de veau, 1 carotte, 1 pomme de terre, 2 champignons de Paris dans la cuisson de la viande. À la fin de la cuisson, récupérez ces ingrédients, versez dans un bol, ajoutez 1 ou 2 louches de bouillon et servez.

Velouté de légumes

Ajoutez 1 carotte, 1 pomme de terre, 1 blanc de poireau et 2 champignons dans la cuisson de la viande. Mixez finement en ajoutant 1 louche de bouillon et 1 cuill. à soupe de crème liquide.

Purée carotte-petits pois au yaourt pour Marius (12 mois)
Œuf à la coque et mouillettes de carotte pour Alice (3 ans)

Muffins aux petits pois
pour papa, maman
et leurs amis
Œufs brouillés
à la ciboulette
pour papa, maman
et leurs amis

LISTE DES COURSES

- petits pois (frais ou surgelés)
- carottes
- oeufs
- yaourt liquide
- farine
- beurre
- huile d'olive
- mélange d'herbes fraîches (coriandre, persil, ciboulette, estragon...)
- levure chimique

Muffins aux petits pois (pour le brunch)

POUR 6 MUFFINS
PRÉPARATION : 20 min
CUISSON : 30 min

- 3 œufs
- 1 yaourt brassé (125 g)
- 2 cuill. à soupe d'huile d'olive
- 1/2 carotte
- 125 g de farine
- 1/2 sachet de levure chimique (soit 6 g)
- 100 g de petits pois (frais ou surgelés)
- 5-6 brins d'herbes fraîches
- sel et poivre

> Préchauffez le four à 180 °C (therm. 6).

> Battez les œufs en omelette et mélangez-les avec le yaourt. Ajoutez l'huile d'olive ; salez et poivrez. Pelez et râpez la 1/2 carotte.

> Tamisez ensemble la farine et la levure. Incorporez petit à petit à la préparation aux œufs. Ajoutez les petits pois, la 1/2 carotte et quelques feuilles d'herbes.

> Répartissez la pâte dans des moules à muffins beurrés (s'ils sont en silicone, ne les beurrez pas). Faites cuire 30 min. Laissez tiédir avant de démouler.

> Servez avec des œufs brouillés à la ciboulette, des smoothies fraise-banane et du thé bien chaud.

RECETTES POUR BÉBÉ

DE 6 À 8 MOIS :

Purée carotte-petits pois

Faites cuire au four, dans une papillote, une 1/2 carotte (50 g) en dés et 50 g de petits pois pendant 20 min, en même temps que les muffins. Mixez finement.

Mousse de petits pois aux herbes

Faites cuire, dans une papillote, 100 g de petits pois avec 2 cuill. à soupe d'eau, 20 min, en même temps que les muffins. Moulinez avec 2 cuill. à café de yaourt.

DE 9 À 12 MOIS :

Purée carotte-petits pois au yaourt

Faites cuire au four, dans une papillote, 2 petites carottes (180 g) coupées en dés et 20 g de petits pois pendant 25 min, en même temps que les muffins. Mixez les carottes, hormis quelques dés, avec 2 cuill. à soupe de yaourt. Disposez les petits pois et les dés de carotte réservés sur la purée et servez.

DE 1 À 3 ANS :

Œuf à la coque et mouillettes de carotte

Faites cuire au four, dans une papillote, 1 carotte coupée en bâtonnets pendant 15 min, en même temps que les muffins des grands. Faites cuire 1 œuf à la coque. Dégustez-le en utilisant les bâtonnets de carotte comme des mouillettes.

Gratin de carottes

Battez 1 œuf en omelette, versez un 1/2 yaourt liquide, ajoutez 150 g de carottes râpées, salez et poivrez légèrement. Mélangez bien puis versez dans un plat à gratin. Laissez cuire 30 min au four, en même temps que les muffins.

LISTE DES COURSES

- filets de dinde
- beurre
- crème liquide
- moutarde à l'ancienne
- pois gourmands
- girolles fraîches
- persil frais

À la place des girolles, vous pouvez utiliser des champignons de Paris ou des shiitakés.

Émincé de dinde aux girolles et aux pois gourmands

POUR 2 PERSONNES
PRÉPARATION : 20 min
CUISSON : 20 min environ

- 200 g de pois gourmands frais
- 200 g de girolles fraîches
- 300 g de filets de dinde
- 50 g de beurre
- 1 cuill. à soupe de moutarde à l'ancienne
- 20 cl de crème liquide
- quelques brins de persil frais
- sel et poivre

> Écossez les pois gourmands, coupez-les en deux ou en trois. Après avoir retiré le bout terreux des pieds, rincez rapidement les girolles sous l'eau fraîche. Coupez les filets de dinde en lamelles.

> Dans une grande poêle, mettez à fondre 25 g de beurre, ajoutez les girolles et les pois gourmands ; salez et poivrez. Couvrez et laissez cuire 5 min à feu moyen, puis retirez le couvercle et laissez l'eau s'évaporer. Gardez les légumes au chaud.

> Dans la même poêle, mettez à fondre le reste de beurre, ajoutez la dinde, salez et poivrez ; laissez dorer de tous les côtés 5 min à feu moyen. Ajoutez la moutarde, mélangez. Versez ensuite la crème liquide, laissez cuire quelques minutes.

> Répartissez les légumes dans deux assiettes, puis disposez la viande en l'arrosant de la sauce à la moutarde. Parsemez d'un peu de persil ciselé.

RECETTES POUR BÉBÉ

DE 6 À 8 MOIS :

Purée de pois gourmands à la crème
Dans une poêle, faites cuire à couvert 100 g de pois gourmands écossés avec 10 cl d'eau pendant 5 min. Mixez finement avec 1 cuill. à café de crème liquide.

Purée de girolles au persil
Dans une poêle, faites cuire à couvert et à feu doux 100 g de girolles nettoyées et quelques feuilles de persil plat, pendant 5 min. Mixez finement.

DE 9 À 12 MOIS :

Purée pois-girolles-dinde
Coupez 15 g de filet de dinde en petits dés. Hachez grossièrement 100 g de pois gourmands écossés et 50 g de girolles nettoyées. Faites-les cuire dans une poêle avec 10 cl d'eau, à couvert, pendant 10 min. Mixez finement.

Girolles à la crème et dinde hachée
Dans une poêle, faites cuire 10 g de filet de dinde et 150 g de girolles nettoyées avec 1 verre d'eau, à couvert, 10 min. Moulinez finement la dinde et mixez les girolles avec 1 cuill. à café de crème.

DE 1 À 3 ANS :

Verrine des bois
Écossez 150 g de pois gourmands, coupez-les en deux. Dans une poêle, faites-les cuire avec 100 g de girolles nettoyées, 50 g de filet de dinde et 10 cl d'eau, à feu doux et à couvert, 10 min. Dans une verrine, disposez une couche de pois gourmands. Coupez la dinde en très petits dés et mettez ceux-ci sur les pois gourmands. Terminez par une couche de girolles cuites laissées entières ; salez et poivrez.

Soupe des bois
Dans une poêle, mettez à fondre 25 g de beurre et faites-y cuire 200 g de girolles nettoyées, jusqu'à ce qu'elles soient bien dorées ; salez et poivrez. Ajoutez 2 cuill. à soupe de crème liquide et autant d'eau chaude. Mixez très finement.

LISTE DES COURSES

- pâte à pizza
- oeufs
- aubergines
- tomates cerises
- basilic frais
- jambon cuit
- huile d'olive
- mozzarella

À l'automne, ajoutez dans la garniture du calzone quelques champignons frais.

Calzone à l'œuf et à l'aubergine

POUR 2 PERSONNES
PRÉPARATION : 20 min
CUISSON : 40 min

- 1 aubergine
- 2 cuill. à soupe d'huile d'olive
- 2 tranches de jambon cuit
- 120 g de mozzarella
- 2 portions de pâte à pizza fraîche de 200 g chacune ou 2 pâtes à pizza préétalées
- 4 tomates cerises
- 1 ou 2 brins de basilic frais
- 2 œufs
- sel et poivre

> Préchauffez le four à 180 °C (therm. 6).

> Pelez l'aubergine, coupez-la en petits dés. Déposez ceux-ci dans un plat à gratin et arrosez-les d'huile d'olive ; salez et poivrez. Couvrez d'une feuille d'aluminium et enfournez pour 20 min ; remuez les dés d'aubergine à mi-cuisson.

> Pendant ce temps, détaillez le jambon en dés et la mozzarella en tranches.

> Étalez la pâte en deux disques. Sur une moitié de chaque disque, déposez la moitié de jambon, 2 tomates cerises coupées en deux, la moitié de mozzarella et de dés d'aubergine, quelques feuilles de basilic et 1 œuf cru ; salez et poivrez. Rabattez dessus le demi-disque non garni en appuyant sur le pourtour pour sceller la pâte. Badigeonnez les deux calzone d'un peu d'huile d'olive.

> Faites cuire 20 min au four. Servez bien chaud.

RECETTES POUR BÉBÉ

DE 6 À 8 MOIS :

Purée d'aubergine au basilic

Pelez 100 g d'aubergine, coupez la chair en petits dés. Placez ceux-ci dans un plat à gratin, ajoutez 10 cl d'eau. Couvrez d'une feuille d'aluminium et faites cuire 20 min au four en même temps que les légumes des adultes. Mixez finement l'aubergine cuite avec 2 feuilles de basilic frais.

DE 9 À 12 MOIS :

Caviar d'aubergine et dés de mozzarella

Pelez 200 g d'aubergine, coupez la chair en dés. Placez ceux-ci dans un plat à gratin, versez dessus 10 cl d'eau. Couvrez d'une feuille d'aluminium et faites cuire au four pendant 20 min, en même temps que les légumes des adultes. Mixez finement. Déposez ce caviar d'aubergine dans l'assiette et ajoutez 20 g de mozzarella coupée en très petits dés.

DE 1 À 3 ANS :

Aubergine farcie au jambon

Coupez 1 aubergine en deux dans la largeur. Prenez une moitié, découpez le chapeau avec le pédoncule, puis creusez l'aubergine avec une cuillère à melon en laissant juste quelques millimètres de chair. Dans un plat à gratin, déposez l'aubergine creusée et la chair prélevée à côté. Arrosez d'un peu d'huile d'olive et faites cuire 20 min au four, en même temps que les légumes des adultes. Mélangez la chair d'aubergine cuite avec 30 g de jambon coupé en petits dés et 20 g de mozzarella ; salez et poivrez. Farcissez l'aubergine et servez.

LISTE DES COURSES

- tomates à farcir
- courgettes rondes
- ricotta
- oeufs
- pignons de pin
- thym frais
- huile d'olive

De la même façon, vous pouvez garnir des aubergines, de gros champignons de Paris ou de gros oignons doux.

Petits farcis au fromage frais

POUR 2 PERSONNES
PRÉPARATION : 20 min
CUISSON : 35 à 40 min

- 2 tomates à farcir
- 2 courgettes rondes
- 100 g de ricotta
- 2 œufs
- 50 g de pignons de pin
- quelques brins de thym frais
- huile d'olive
- sel et poivre

> Préchauffez le four à 180 °C (therm. 6).

> Coupez les chapeaux des tomates et des courgettes. Creusez la chair des légumes avec une cuillère à melon. Détaillez cette chair en petits dés et mélangez-la avec la ricotta et les œufs ; salez et poivrez.

> Garnissez les légumes de cette farce. Saupoudrez de pignons de pin et de thym frais. Arrosez d'un peu d'huile d'olive.

> Placez les légumes farcis dans un plat à gratin légèrement huilé. Faites cuire de 35 à 40 min. Servez bien chaud.

RECETTES POUR BÉBÉ

DE 6 À 8 MOIS :

Purée de courgette au thym

Faites cuire au four, dans une papillote, 100 g de courgette, du thym et 1 cuill. à soupe d'eau, 20 min, en même temps que le plat des adultes. Mixez finement.

Purée de tomate au thym

Faites cuire au four, dans une papillote, 1 tomate (100 g) et du thym, 20 min, avec le plat des adultes. Pelez la tomate. Mixez finement avec 1 cuill. à café de ricotta.

DE 9 À 12 MOIS :

Caviar de courgette au thym

Faites cuire au four, dans une papillote, 200 g de courgette coupée en dés et un peu de thym frais, pendant 20 min, en même temps que le plat des adultes. Conservez quelques cubes de courgette et mixez grossièrement le reste avec 1 cuill. à café de ricotta. Disposez les cubes de courgette réservés sur le dessus et servez.

DE 1 À 3 ANS :

Roulés de courgette à la ricotta

Faites cuire au four 3 lamelles de courgette arrosées d'un peu d'eau et de 1 cuill. à soupe d'huile d'olive, pendant 20 min. Mélangez 50 g de ricotta avec 1 pincée de thym, du sel et du poivre. Déposez une noix de ricotta à l'extrémité de chaque lamelle de courgette. Roulez celle-ci sur elle-même. Piquez avec un cure-dent.

Verrine courgette-ricotta-pignons

Faites cuire, dans une papillote, 250 g de courgette coupée en dés, pendant 20 min, en même temps que le plat des adultes. Laissez refroidir, mixez et versez dans une verrine. Mixez 60 g de ricotta avec 25 g de pignons. Versez dans la verrine. Ajoutez du thym et quelques gouttes d'huile d'olive.

LISTE DES COURSES

- riz arborio
- échalote
- jambon cru
- petits pois (frais ou surgelés)
- haricots verts (frais ou surgelés)
- chanterelles (fraîches ou surgelées)
- bouillon de volaille
- mascarpone
- parmesan
- huile d'olive

Si vous ne trouvez pas de chanterelles, cuisinez le risotto avec un mélange de champignons sauvages ou simplement des champignons de Paris.

Risotto aux chanterelles et au jambon

POUR 2 PERSONNES
PRÉPARATION : 15 min
CUISSON : 35 min environ

- 80 g de chanterelles (fraîches ou décongelées)
- 50 g de petits pois
- 50 g de haricots verts
- 50 cl de bouillon de volaille
- 1 échalote
- 2 cuill. à soupe d'huile d'olive
- 125 g de riz arborio
- 2 cuill. à soupe de mascarpone
- 30 g de parmesan râpé
- 2 tranches de jambon cru

> Nettoyez les chanterelles, coupez les pieds trop secs.

> Faites cuire les petits pois et les haricots verts coupés en petits tronçons pendant 10 min à l'eau bouillante salée. Égouttez-les. Chauffez légèrement le bouillon de volaille.

> Pelez et hachez l'échalote. Dans une casserole, faites-la suer avec l'huile d'olive. Ajoutez le riz et remuez pour qu'il s'enrobe d'huile. Ajoutez les chanterelles. Versez une louche de bouillon, puis incorporez le reste, louche par louche, à chaque fois que le liquide a été absorbé.

> Lorsque le riz est cuit, retirez la casserole du feu. Ajoutez le mascarpone et le parmesan, et mélangez. Ajoutez enfin les légumes, et le jambon coupé en lanières. Remettez sur le feu pendant 1 ou 2 min. Rectifiez l'assaisonnement et servez aussitôt.

RECETTES POUR BÉBÉ

DE 6 À 8 MOIS :

Purée de petits pois et de haricots verts

Faites cuire à l'eau bouillante 50 g de haricots verts et 50 g de petits pois. Mixez finement.

Soupe de petits pois au mascarpone

Faites cuire 100 g de petits pois à l'eau bouillante. Mixez finement et ajoutez 1 cuill. à café de mascarpone pour lier.

DE 9 À 12 MOIS :

Soupe de chanterelles au mascarpone

Faites cuire 200 g de chanterelles à l'eau bouillante salée. Mixez-les finement avec 1 cuill. à soupe de mascarpone et 2 cuill. à soupe d'eau. Décorez de 1 ou 2 chanterelles non mixées.

Purée de haricots verts et de petits pois au parmesan

Faites cuire 100 g de haricots verts et 50 g de petits pois à l'eau bouillante salée. Mixez l'ensemble. Assaisonnez avec 1 cuil. à café de parmesan râpé.

DE 1 À 3 ANS :

Salade de riz aux petits pois, haricots verts et dés de jambon cru

Faites cuire à l'eau bouillante salée 80 g de riz, 50 g de petits pois et 50 g de haricots verts coupés en petits tronçons. Rafraîchissez-les bien sous l'eau froide et égouttez-les. Ajoutez 30 g de dés de jambon cru. Assaisonnez d'un peu d'huile d'olive, salez et poivrez.

Gratin de riz au jambon cru et au parmesan

Faites cuire 80 g de riz à l'eau bouillante salée. Égouttez-le. Placez-le dans un plat à gratin au four, recouvrez-le de 30 g de jambon cru coupé en lanières. Parsemez de 1 cuill. à soupe rase de parmesan râpé. Faites dorer 10 min sous le gril.

LISTE DES COURSES

- dos de cabillaud
- tomates cocktail
- gros champignons de Paris
- persil plat frais
- huile d'olive
- farine
- chapelure dorée
- oeufs

Pour cette recette, préférez un poisson à chair ferme, comme le colin ou le cabillaud.

Cabillaud pané maison aux tomates

POUR 2 PERSONNES
PRÉPARATION : 25 min
CUISSON : 25 min

- 2 tomates cocktail
- 6 gros champignons de Paris
- 5 cuill. à soupe de chapelure
- 1 cuill. à soupe d'huile d'olive
- 1 cuill. à soupe de persil plat finement ciselé
- un dos de cabillaud de 400 g
- 2 cuill. à soupe de farine
- 1 œuf
- sel et poivre

> Préchauffez le four à 180 °C (therm. 6).

> Rincez les tomates, coupez-les en deux dans la hauteur. Pelez les champignons de Paris, retirez les pieds. Dans un bol, mélangez 2 cuill. à soupe de chapelure avec l'huile d'olive et le persil. Répartissez cette préparation sur les tomates et sur les champignons. Disposez ces légumes dans un plat à gratin légèrement huilé.

> Disposez la farine dans une assiette, l'œuf légèrement battu dans une autre assiette et, dans une troisième, 3 cuill. à soupe de chapelure.

> Coupez le dos de cabillaud en deux ; salez et poivrez. Roulez successivement chaque morceau de poisson dans la farine, puis dans l'œuf et enfin dans la chapelure. Déposez-les dans le plat à gratin.

> Faites cuire 25 min au four en retournant les morceaux à mi-cuisson.

RECETTES POUR BÉBÉ

DE 6 À 8 MOIS :

Purée de champignons au persil

Ajoutez 4 champignons de Paris dans le plat à gratin des adultes. Faites cuire 25 min au four. Retirez-les et mixez-les finement avec un peu de persil.

Soupe de tomates au persil

Ajoutez 4 tomates cocktail dans le plat à gratin des adultes. Faites cuire 25 min au four. Retirez les tomates, pelez-les et mixez-les finement avec un peu de persil.

DE 9 À 12 MOIS :

Purée de tomates au cabillaud et au persil

Ajoutez 10 g de poisson et 3 tomates cocktail dans le plat à gratin des adultes. Faites cuire 25 min. Mixez très finement avec un peu de persil.

Purée champignons-cabillaud-persil

Ajoutez 4 champignons de Paris et 10 g de poisson dans le plat à gratin des adultes. Faites cuire 25 min. Mixez le tout avec 1 cuill. à soupe de persil haché. Décorez de 1/2 champignon grillé que vous découperez en dés avant de servir.

DE 1 À 3 ANS :

Poisson pané et tomates cocktail confites

Panez 30 g de cabillaud comme dans la recette des adultes et mettez-le dans le plat à gratin. Ajoutez 2 ou 3 tomates cocktail entières avec la queue. Salez et sucrez légèrement les tomates. Faites cuire 25 min au four en retournant le poisson à mi-cuisson.

Tomates cocktail farcies à la purée de cabillaud

Coupez 2 tomates cocktail en deux. Mixez finement 30 g de cabillaud avec 1 cuill. à soupe de persil et 1 cuill. à soupe de chapelure. Garnissez les tomates de cette farce et faites cuire 25 min au four, en même temps que le plat des adultes.

LISTE DES COURSES

- pommes de terre (type bintje)
- carottes
- oignons
- viande de boeuf hachée
- crème liquide
- emmental
- huile d'olive
- origan

Hachis parmentier aux deux purées

POUR 2 PERSONNES
PRÉPARATION : 25 min
CUISSON : 45 min environ

- 3 carottes
- 4 pommes de terre (400 g)
- 15 cl de crème liquide
- 1 oignon
- 2 cuill. à soupe d'huile d'olive
- 200 g de viande de bœuf hachée
- origan
- 50 g d'emmental râpé
- sel, poivre

> Préchauffez le four à 200 °C (therm. 6-7). Pelez et lavez les carottes et les pommes de terre. Faites cuire ces légumes 20 min à l'eau bouillante salée. Retirez les carottes, mixez-les finement, salez et poivrez. Écrasez les pommes de terre avec la crème liquide ; au besoin, ajoutez un peu d'eau de cuisson. Salez et poivrez.

> Pelez l'oignon, hachez-le grossièrement. Dans une poêle, mettez à chauffer l'huile d'olive et faites-y suer l'oignon quelques minutes jusqu'à ce qu'il soit translucide. Ajoutez la viande, remuez bien pour qu'elle cuise de tous les côtés ; salez, poivrez, ajoutez 1 grosse pincée d'origan. Remuez à nouveau et retirez du feu.

> Dans un plat à gratin, déposez la viande hachée, puis la purée de carottes et enfin la purée de pommes de terre. Terminez par une couche de fromage et un peu d'origan. Enfournez pour 20 min.

RECETTES POUR BÉBÉ

DE 6 À 8 MOIS :

Verrine blanche et orange

Faites cuire à l'eau bouillante une 1/2 carotte (50 g) et une 1/2 pomme de terre (50 g), pelées et coupées en dés, pendant 15 min. Mixez finement la carotte avec un peu d'eau de cuisson. Versez cette purée au fond d'un verre. Mixez finement la pomme de terre et versez sur la purée de carotte.

DE 9 À 12 MOIS :

Purée de pommes de terre au bœuf haché et à la crème

Faites cuire à l'eau bouillante 2 pommes de terre (200 g) pelées et coupées en dés, pendant 15 min. Mixez finement avec 1 cuill. à café de crème liquide et un peu d'eau de cuisson. Faites revenir rapidement à la poêle, et sans graisse, 1 cuill. à café de viande hachée. Ajoutez-la à la purée.

DE 1 À 3 ANS :

Jacket potatoes au bœuf et au fromage râpé

Faites cuire 2 petites pommes de terre pelées pendant 20 min à l'eau bouillante salée. Coupez-les délicatement dans la longueur pour enlever le tiers supérieur. Creusez la chair à l'aide d'une petite cuillère et mélangez-la avec 30 g de viande hachée et 30 g d'emmental râpé ; salez et poivrez. Répartissez cette farce sur les pommes de terre creusées. Mettez-les dans un petit plat à gratin et faites dorer au four pendant 10 min, en même temps que le hachis des adultes.

LISTE DES COURSES

- côtelettes d'agneau
- oignon
- ail
- courgettes
- carottes
- navets
- céleri
- coriandre fraîche
- pois chiches en boîte
- tomates pelées en boîte
- semoule fine précuite pour couscous
- huile d'olive
- ras el-hanout

Couscous de légumes à l'agneau

POUR 2 PERSONNES
PRÉPARATION : 30 min
CUISSON : 20 min

- 1/2 oignon, 1 gousse d'ail
- 2 navets, 1 courgette
- 1 carotte
- 4 cuill. à soupe d'huile d'olive
- 400 g de côtelettes d'agneau
- 1 cuill. à café bombée de ras el-hanout
- 150 g de tomates pelées en boîte
- 1 petite branche de céleri
- 50 g de pois chiches en boîte
- 200 g de semoule fine précuite
- 5-6 brins de coriandre fraîche
- sel et poivre

> Hachez l'oignon et écrasez l'ail. Pelez les navets et coupez-les en quartiers. Détaillez la courgette en tronçons. Pelez la carotte, coupez-la en rondelles épaisses.

> Mettez à chauffer 2 cuill. à soupe d'huile dans un autocuiseur et faites-y dorer les côtelettes. Ajoutez l'oignon, l'ail, saupoudrez de ras-el-hanout et mélangez. Ajoutez les tomates, la courgette, le céleri, les navets et les pois chiches. Versez 50 cl d'eau (elle doit recouvrir viande et légumes). Fermez l'autocuiseur et commencez la cuisson. Dès la rotation de la soupape, baissez le feu et laissez cuire 15 min.

> Pendant ce temps, versez 20 cl d'eau chaude salée mélangée avec 2 cuill. à soupe d'huile sur la semoule. Laissez gonfler.

> Retirez l'autocuiseur du feu. Ouvrez-le, sortez les légumes et la viande, réservez-les au chaud. Portez à ébullition le bouillon. Déposez la semoule dans le panier vapeur. Refermez l'autocuiseur et faites cuire à nouveau 5 min dès la rotation de la soupape.

> Répartissez la semoule dans les assiettes, puis ajoutez les légumes et la viande. Décorez de coriandre fraîche.

RECETTES POUR BÉBÉ

DE 6 À 8 MOIS :

Purée de légumes au ras el-hanout
Faites cuire un 1/2 navet (50 g), une 1/2 carotte (50 g) et 2 ou 3 tronçons de céleri avec les légumes du couscous. Retirez-les du bouillon et mixez-les finement.

Purée de courgette à la coriandre
Faites cuire une 1/2 courgette (100 g) pelée et coupée en tronçons avec les légumes des parents. Mixez-la finement avec de la coriandre fraîche.

DE 9 À 12 MOIS :

Purée navet-carotte, agneau haché
Faites cuire 1 navet (100 g) et une 1/2 carotte (50 g) avec les légumes du couscous. Sortez-les du bouillon et mixez-les finement. Prélevez 10 g de côtelette et hachez très finement.

Soupe de légumes à l'agneau
Faites cuire un 1/2 navet (50 g), une 1/2 carotte (50 g), 1 petite branche de céleri avec les légumes du couscous. Mixez-les finement avec 10 g d'agneau cuit, puis délayez avec du bouillon pour obtenir la consistance d'une soupe fluide.

DE 1 À 3 ANS :

Boulettes d'agneau aux pois chiches et aux petits légumes
Faites cuire 30 g d'agneau, 1 navet, 1 carotte, quelques rondelles de céleri avec les légumes du couscous. Retirez l'agneau et mixez-le finement avec 50 g de pois chiches. Façonnez des boulettes. Coupez les légumes en petits dés. Servez arrosé d'un peu de bouillon.

Bouillon de légumes à la viande
Faites cuire 1 carotte, 1 navet, une 1/2 courgette et 50 g d'agneau avec les légumes du couscous. Retirez ces ingrédients du bouillon, puis coupez légumes et viande en petits dés. Servez-les avec du bouillon de légumes et parsemés de coriandre ciselée.

LISTE DES COURSES

- filets de poulet
- échalote
- tomates fraîches
- concentré de tomate
- poivrons rouges
- poivrons verts
- vin blanc sec (facultatif)
- huile d'olive
- thym frais
- piment d'Espelette (facultatif)
- riz à long grain

Poulet façon basquaise

POUR 2 PERSONNES
PRÉPARATION : 20 min
CUISSON : 40 min environ

- 1 échalote
- 2 poivrons rouges
- 2 poivrons verts
- 2 filets de poulet
- 4 tomates
- 2 cuill. à soupe d'huile d'olive
- 1 cuill. à soupe de concentré de tomate
- 3-4 branches de thym frais
- 12 cl de vin blanc sec (facultatif)
- 100 g de riz à long grain
- sel et poivre, ou piment d'Espelette

> Pelez et hachez grossièrement l'échalote. Rincez les poivrons et coupez-les en lanières. Coupez les filets de poulet en gros cubes. Lavez les tomates et concassez-les.

> Dans une cocotte, mettez à chauffer l'huile d'olive et faites-y rissoler l'échalote quelques minutes. Ajoutez les cubes de poulet et laissez dorer 5 min de tous les côtés.

> Ajoutez dans la cocotte les lanières de poivron, les tomates, le concentré de tomate, le thym et, éventuellement, le vin. Versez de l'eau pour qu'elle recouvre viande et légumes. Laissez cuire 20 min à couvert jusqu'à ce que les poivrons soient tendres, puis découvrez et laissez évaporer un peu de jus pendant 10 min. Salez, poivrez ou assaisonnez avec 1 pincée de piment d'Espelette.

> Faites cuire le riz et servez-le en accompagnement.

RECETTES POUR BÉBÉ

DE 6 À 8 MOIS :

Soupe de poivron à la tomate

Faites cuire 60 g de poivron rouge et une 1/2 tomate (40 g) avec la préparation principale. Égouttez-les avant l'étape d'assaisonnement. Mixez-les finement et délayez avec du bouillon de cuisson pour obtenir la consistance d'une soupe.

DE 9 À 12 MOIS :

Frites de poivron et poulet haché

Faites cuire 150 g de poivron, rouge et vert, et 15 g de poulet avec la préparation principale. Retirez-les de la cocotte avant l'assaisonnement. Hachez très finement le poulet et servez les lanières de poivron tout simplement à croquer.

Purée de poivron au poulet

Faites cuire 150 g de poivron, rouge et vert, et 15 g de poulet avec la préparation principale. Retirez-les de la cocotte avant l'assaisonnement. Mixez finement l'ensemble et salez légèrement.

DE 1 À 3 ANS :

Verrine de poivron au poulet

Faites cuire 200 g de poivron, rouge et vert, et 30 g de poulet avec la préparation principale. Retirez-les en fin de cuisson. Mixez finement le poivron vert, hachez grossièrement le rouge, puis le poulet. Remplissez un verre avec la purée de poivron vert, déposez ensuite le poulet haché puis le poivron rouge haché.

Soupe de poivron au poulet

Faites cuire 200 g de poivron, rouge et vert, et 30 g de poulet avec la préparation principale. Retirez-les de la cocotte avant l'assaisonnement. Mixez en diluant avec un peu de bouillon de cuisson pour obtenir la consistance d'une soupe.

Salade aux trois couleurs pour Titouan (2 ans et demi)

Purée de tomate au basilic pour Raphaël (8 mois)
Pizza maison au jambon et au basilic pour papa et maman

LISTE DES COURSES

- pâte à pizza préétalée
- tomates fraîches
- basilic frais
- champignons de Paris
- olives noires
- jambon blanc au torchon
- mozzarella di buffala
- huile d'olive

Pizza maison au jambon et au basilic

POUR 2 PERSONNES
PRÉPARATION : 20 min
CUISSON : 35 min

- 1 pâte à pizza préétalée
- 5 tomates
- quelques feuilles de basilic
- 2 tranches de jambon blanc au torchon
- 2 champignons de Paris
- 1 boule de mozzarella di buffala (150 g)
- huile d'olive pour arroser
- 4 ou 5 olives noires

> Préchauffez le four à 170 °C (therm. 5-6). Déroulez la pâte avec le papier sulfurisé sur une plaque allant au four.

> Plongez les tomates dans de l'eau bouillante pendant 1 min. Égouttez-les puis pelez-les. Concassez-les et étalez-les sur la pâte. Parsemez de basilic grossièrement haché.

> Coupez le jambon en carrés irréguliers et répartissez-le sur la pizza. Pelez les champignons de Paris et émincez-les finement. Répartissez-les également sur la pâte.

> Tranchez finement la mozzarella et répartissez-la sur les champignons. Arrosez d'un filet d'huile d'olive, ajoutez 4 ou 5 olives noires. Faites cuire 35 min. Servez aussitôt.

RECETTES POUR BÉBÉ

DE 6 À 8 MOIS :

Purée de tomate au basilic

Ébouillantez 1 ou 2 tomates (100 g) puis pelez-les. Mixez-les finement avec une 1/2 feuille de basilic.

Soupe de tomate aux champignons

Ébouillantez 1 tomate. Égouttez-la et pelez-la. Mixez-en finement la moitié (50 g) avec 20 g de champignons de Paris et 1 dose de lait maternisé ; au besoin, ajoutez 30 ml d'eau de cuisson.

DE 9 À 12 MOIS :

Soupe de champignons aux olives

Faites cuire 150 g de champignons de Paris à l'eau bouillante salée avec 2 olives dénoyautées pendant 10 min. Ajoutez 1 dose de lait maternisé et 30 ml d'eau de cuisson.

Jambon au basilic et dés de tomate fraîche

Ébouillantez 2 tomates (180 g) puis pelez-les. Mixez-les finement avec 15 g de jambon et une 1/2 feuille de basilic, rincée.

DE 1 À 3 ANS :

Salade aux trois couleurs

Coupez 3 tomates (200 g) en petits dés. Faites de même avec 20 g de mozzarella et 30 g de jambon. Détaillez 2 olives noires en rondelles. Mélangez tous les ingrédients et arrosez-les de 1 cuill. à café d'huile d'olive.

Mini-pizza fleur (à l'emporte-pièce)

Prélevez 80 g de pâte à pizza à l'aide d'un emporte-pièce en forme de fleur, puis réalisez la pizza comme ci-contre avec 2 tomates ébouillantées et pelées (100 g), 15 à 30 g de jambon et 20 g de mozzarella coupée en dés.

LISTE DES COURSES

- haricots blancs (variété mojette)
- oignon
- ail
- petits pois (frais ou surgelés)
- carottes
- céleri branche
- tomates
- courgette
- basilic frais
- concentré de tomate
- huile d'olive
- penne

Minestrone

POUR 2 PERSONNES
PRÉPARATION : 20 min
CUISSON : 30 min environ

- 80 g de mojettes semi-sèches (haricots blancs)
- 1 carotte, 1 oignon
- 1 gousse d'ail
- 100 g de petits pois (frais ou surgelés)
- 1/2 branche de céleri
- 3 tomates, 1 courgette
- 10 feuilles de basilic frais
- 2 cuill. à café de concentré de tomate
- 2 cuill. à soupe d'huile d'olive
- 100 g de penne
- sel et poivre

> Réhydratez les mojettes dans un grand volume d'eau chaude pendant 15 min.

> Pendant ce temps, épluchez la carotte, l'oignon et l'ail. Lavez les petits pois s'ils sont frais. Lavez le céleri, les tomates, la courgette et le basilic. Coupez tous les légumes en dés, ciselez le basilic.

> Dans une cocotte, faites chauffer l'huile d'olive à feu moyen. Mettez-y l'oignon et l'ail, et laissez suer quelques minutes. Ajoutez le concentré de tomate, l'ensemble des légumes, la moitié du basilic et les mojettes. Remuez et laissez cuire 5 min.

> Versez 75 cl d'eau dans la cocotte et laissez cuire à petits bouillons pendant 10 min. Ajoutez ensuite les penne et poursuivez la cuisson encore 10 à 12 min. Rectifiez l'assaisonnement.

> Servez dans des assiettes à soupe en décorant avec le basilic restant.

RECETTES POUR BÉBÉ

DE 6 À 8 MOIS :

Purée carotte-céleri

Faites cuire une 1/2 carotte (60 g) coupée en dés et 40 g de céleri branche à l'eau bouillante pendant 15 min. Égouttez et mixez finement avec le basilic.

Soupe de carotte et de céleri

Faites cuire 30 g de carotte, 10 g d'oignon blanc, 20 g de céleri à l'eau bouillante pendant 15 min. Égouttez et mixez finement. Ajoutez 1 dose de lait maternisé et 30 ml d'eau de cuisson.

DE 9 À 12 MOIS :

Soupe de légumes aux pâtes

Ajoutez une 1/2 carotte (80 g), 20 g de céleri branche, 30 g de tomate et 20 g de pâtes en plus dans la soupe des parents. Faites-les cuire de la même façon. Prélevez-les à la fin de la cuisson et mixez-les très finement avec un peu de bouillon.

Purée petits pois-carotte au basilic

Faites cuire à l'eau bouillante 150 g de petits pois, 50 g de carotte en dés et 5 feuilles de basilic. Égouttez et mixez. Arrosez de quelques gouttes d'huile d'olive, salez, poivrez. Déposez du basilic ciselé sur le dessus.

DE 1 À 3 ANS :

Penne à la tomate et au basilic

Ajoutez 50 g de penne dans la soupe des adultes. Retirez-les en fin de cuisson. Coupez 2 tomates (150 g) en petits dés. Ciselez 2 feuilles de basilic. Servez les penne avec les dés de tomate et le basilic.

Purée de mojettes à la tomate et au basilic

Faites cuire 150 g de mojettes à l'eau bouillante salée pendant 25 min. Égouttez-les puis mixez-les finement avec 1 ou 2 tomates (100 g) coupées en dés et 2 feuilles de basilic.

LISTE DES COURSES

- plaques de lasagnes
- épinards frais
- cabillaud
- farine
- beurre
- lait
- crème liquide (pour les plats des 9-12 mois)
- parmesan

Lasagnes de cabillaud aux épinards frais

POUR 2 PERSONNES
PRÉPARATION : 20 min
CUISSON : 35 min environ

- 20 g de beurre
- 20 g de farine
- 30 cl de lait
- 400 g d'épinards frais
- 200 g de cabillaud
- 6 plaques de lasagnes
- 30 g de parmesan râpé
- sel et poivre

> Préparez une béchamel. Dans une casserole, mettez à fondre le beurre, à feu doux, puis ajoutez la farine et remuez. Versez le lait peu à peu tout en fouettant et laissez cuire quelques instants. La béchamel doit s'épaissir ; salez et poivrez.

> Lavez et équeutez les épinards. Faites-les cuire 5 min à l'eau bouillante salée. Égouttez-les en laissant l'eau de cuisson dans la casserole. Plongez le cabillaud dans l'eau de cuisson des épinards et faites-le cuire 3 min. Égouttez-le et effeuillez la chair. Dans cette même eau, faites précuire les lasagnes pendant quelques minutes ; elles doivent être al dente.

> Préchauffez le four à 180 °C (therm. 6). Pressez bien les épinards pour en extraire le maximum d'eau.

> Beurrez un moule à gratin (15 x 15 cm), déposez 2 feuilles de lasagnes, une fine couche de béchamel, puis une fine couche d'épinards et enfin une fine couche de poisson. Salez et poivrez. Répétez l'opération et terminez par une couche de lasagnes couverte de béchamel. Saupoudrez de parmesan. Faites cuire 20 min au four.

RECETTES POUR BÉBÉ

DE 6 À 8 MOIS :

Soupe d'épinards

Faites cuire 70 g d'épinards frais à l'eau bouillante pendant 5 min. Mixez-les finement, ajoutez 1 dose de lait maternisé et 30 ml d'eau de cuisson.

Purée d'épinards au cabillaud

Faites cuire 90 g d'épinards frais avec 10 g de cabillaud à l'eau bouillante pendant 5 min. Mixez finement.

DE 9 À 12 MOIS :

Épinards gratinés au parmesan

Faites cuire 120 g d'épinards frais à l'eau bouillante pendant 5 min. Mixez-les avec 1 cuill. à soupe de crème liquide. Placez-les dans un ramequin, saupoudrez de 10 g de parmesan râpé et faites gratiner 10 min en même temps que le plat des adultes.

Soupe d'épinards aux petites pâtes

Faites cuire à l'eau bouillante 120 g d'épinards frais avec un 1/4 de feuille de lasagne. Égouttez et mixez. Ajoutez 1 cuill. à café de crème liquide et de l'eau de cuisson pour obtenir la consistance d'une soupe.

DE 1 À 3 ANS :

Cannellonis aux épinards

Faites cuire 120 g d'épinards frais à l'eau bouillante salée pendant 5 min. Égouttez-les. Mélangez-les avec 1 cuill. à soupe de béchamel, salez et poivrez. Faites cuire, dans la même eau, 2 feuilles de lasagnes. Égouttez-les. Roulez les épinards dans les feuilles de lasagnes pour former des cannellonis. Placez ceux-ci dans un petit plat à gratin légèrement beurré, versez 1 cuill. à soupe de béchamel sur le dessus et parsemez de 10 g de parmesan râpé. Faites cuire au four 10 min, en même temps que le plat des parents.

LISTE DES COURSES

- filets de limande
- brocolis (frais ou surgelés)
- petits pois (frais ou surgelés)
- crème liquide
- huile d'olive

Coupez 1 tomate en petits dés et ajoutez-les dans les papillotes : votre plat sera plus coloré !

Filet de limande à la crème de brocolis

POUR 2 PERSONNES
PRÉPARATION : 15 min
CUISSON : 20 min

- 4 filets de limande (soit 2 filets par personne)
- 100 g de petits pois (frais ou surgelés)
- huile d'olive pour arroser
- 300 g de brocolis (frais ou surgelés)
- 20 cl de crème liquide
- sel et poivre

> Préchauffez le four à 180 °C (therm. 6). Placez les filets de limande côte à côte sur une grande feuille de papier sulfurisé. Déposez dessus les petits pois et arrosez le tout d'un filet d'huile d'olive ; salez et poivrez. Formez une papillote et fermez-la hermétiquement

> Séparez les brocolis en petits bouquets (si vous utilisez des brocolis surgelés, ne les faites pas décongeler) et placez-les dans une seconde papillote. Arrosez d'huile d'olive, salez et poivrez. Fermez hermétiquement la papillote. Déposez les papillotes sur la plaque du four. Faites-les cuire pendant 20 min.

> À la sortie du four, conservez la papillote de poisson fermée pour qu'elle garde sa chaleur. Mixez les 3/4 des brocolis avec la crème liquide chaude. Servez les filets de limande avec les petits pois, les bouquets de brocolis restants et la crème de brocolis.

RECETTES POUR BÉBÉ

DE 6 À 8 MOIS :

Purée de brocolis

Faites cuire au four, dans une papillote, 100 g de brocolis avec 1 cuill. à soupe d'eau, pendant 15 min, en même temps que le plat des parents. Mixez finement.

Purée de petits pois à la crème

Faites cuire au four, dans une papillote, 100 g de petits pois avec 2 cuill. à soupe d'eau, pendant 10 min. Mixez finement avec 1 cuill. à café de crème et du jus de cuisson.

DE 9 À 12 MOIS :

Purée de brocolis et de limande à la crème

Faites cuire au four, dans une papillote, 200 g de brocolis avec 10 g de limande et 2 cuill. à soupe d'eau, pendant 15 min, en même temps que le plat des parents. Mixez finement le brocoli avec 2 cuill. à café de crème liquide. Effeuillez la limande et servez.

Purée brocolis-petits pois

Faites cuire au four, dans une papillote, 100 g de brocolis, 100 g de petits pois et 1 cuill. à soupe d'eau, pendant 20 min. Mixez très finement.

DE 1 À 3 ANS :

Verrine verte et blanche au poisson

Faites cuire au four, dans une papillote, 220 g de brocolis, 30 g de limande, 30 g de petits pois, pendant 20 min, en même temps que le plat des parents. Mixez finement les brocolis avec 1 cuill. à soupe de crème liquide ; salez et poivrez légèrement. Versez cette purée dans un verre, effeuillez la chair du poisson dessus et ajoutez les petits pois.

Consommé de brocolis

Faites cuire au four, dans une papillote, 250 g de brocolis avec 2 cuill. à soupe d'eau, pendant 20 min, en même temps que le plat des parents ; salez légèrement, poivrez. Mixez en soupe avec 1 cuill. à soupe de crème liquide et du jus de cuisson ; au besoin, délayez avec un peu d'eau tiède.

LISTE DES COURSES

- tomates à farcir
- tomates cocktail (pour la recette des 1-3 ans)
- basilic frais
- gros oeufs
- oeufs de caille (pour la recette des 1-3 ans)
- jambon blanc en dés
- ricotta
- huile d'olive
- pain

Œufs cocotte en tomate au jambon et au basilic

POUR 2 PERSONNES
PRÉPARATION : 15 min
CUISSON : 8 à 10 min

- 4 tomates à farcir
- 4 cuill. à café de ricotta
- 4 gros œufs
- 4 cuill. à soupe de jambon blanc coupé en dés (soit 1 tranche épaisse)
- quelques feuilles de basilic
- huile d'olive
- sel et poivre

> Préchauffez le four à 180 °C (therm. 6).

> Évidez les tomates en coupant leur chapeau et en creusant avec une cuillère à melon pour retirer les graines.

> Dans chaque tomate, déposez 1 cuill. à café de ricotta, cassez 1 œuf en le gardant entier et ajoutez 1 cuill. à soupe de dés de jambon. Parsemez de basilic ciselé, salez et poivrez.

> Déposez les tomates dans un plat à gratin légèrement huilé. Faites cuire au four de 8 à 10 min : les œufs doivent rester moelleux. Servez avec de bonnes mouillettes de pain frais.

DE 6 À 8 MOIS :

Soupe froide de tomate au basilic

Mixez très finement 1 belle tomate (100 g) pelée au couteau avec 2 feuilles de basilic.

Soupe froide de tomate à la ricotta

Mixez très finement 1 belle tomate (100 g) pelée au couteau avec 1 cuill. à café de ricotta.

DE 9 À 12 MOIS :

Verrine tomate-ricotta-basilic

Déposez 20 g de ricotta au fond d'un verre. Coupez 1 belle tomate (100 g) en petits dés. Écrasez-les légèrement. Parsemez de quelques feuilles de basilic ciselées.

Verrine tomate-jambon

Moulinez 15 g de jambon et versez-le au fond d'un verre. Coupez 2 tomates (150 g) en petits dés. Arrosez de quelques gouttes d'huile d'olive.

DE 1 À 3 ANS :

Mini-tomates cocotte

Découpez le chapeau de 3 tomates cocktail. Creusez-les délicatement pour retirer les graines. Cassez 1 œuf de caille dans chacune d'elles, ajoutez quelques dés de jambon blanc et du basilic ciselé. Faites cuire au four pendant 5 min en même temps que le plat des parents.

Brouillade d'œuf à la tomate et au basilic

Coupez 3 tomates (200 g) en très petits dés. Battez 1 œuf en omelette avec 1 cuill. à soupe de ricotta. Ajoutez les tomates et 2 feuilles de basilic ciselées. Salez et poivrez légèrement. Dans une poêle, faites chauffer 2 cuill. à café d'huile d'olive, versez l'œuf à la tomate et remuez avec une cuillère en bois pour bien cuire la préparation pendant 3 ou 4 min.

Wraps aux légumes croquants pour papa et maman

Mousse avocat-concombre au poulet pour Naël (10 mois)

Wraps aux légumes croquants pour les amis

Mini-brochettes à croquer pour Robin (2 ans)

LISTE DES COURSES

- tortillas de blé (ou wraps)
- jambon de poulet ou jambon blanc
- laitue
- carottes
- concombre
- avocat
- radis (pour les petits)
- fromage frais à tartiner

Complétez le pique-nique avec des fruits, des boissons et... de la bonne humeur.

Wraps aux légumes croquants (pour le pique-nique)

POUR 2 PERSONNES
PRÉPARATION : 20 min

- 4 feuilles de laitue
- 4 carottes
- 1/2 concombre
- 1 avocat
- 4 tortillas de blé (ou wraps)
- 200 g de fromage frais à tartiner
- 4 tranches de jambon de poulet ou de jambon blanc
- sel et poivre

> Lavez les feuilles de laitue et coupez-les en lanières. Épluchez et lavez les carottes et le concombre ; coupez-les en bâtonnets. Pelez et dénoyautez l'avocat, coupez-le en lamelles assez épaisses.

> Étalez une tortilla, tartinez-la de 50 g de fromage frais, salez légèrement et poivrez. Ajoutez un quart de lanières de laitue. Déposez dessus 1 tranche de jambon. Sur une moitié de la tortilla, déposez un quart de bâtonnets de carotte, quelques lamelles d'avocat et des bâtonnets de concombre.

> Roulez la tortilla sur elle-même et maintenez-la avec 2 piques en bois, puis coupez-la en deux, légèrement en biais. Préparez ainsi les 3 autres tortillas.

RECETTES POUR BÉBÉ

DE 6 À 8 MOIS :

Écrasée d'avocat au fromage frais

Pelez un 1/2 avocat et écrasez-le à la fourchette. Mélangez-le avec 1 cuill. à soupe de fromage frais.

Purée d'avocat au jambon

Pelez un 1/2 avocat et mixez-le avec 10 g de jambon.

DE 9 À 12 MOIS :

Mousse avocat-concombre au jambon

Mixez ensemble un 1/2 avocat et 100 g de concombre pelé. Coupez 15 g de jambon en très petits dés. Servez le jambon sur la mousse d'avocat.

Mousse radis-concombre au fromage frais

Mixez grossièrement 100 g de concombre pelé avec 100 g de radis. Mélangez avec 1 cuill. à soupe de fromage frais.

DE 1 À 3 ANS :

Mini-brochettes à croquer

Piquez en alternant sur de petites piques en bois 1 cube de carotte, 1 lanière de jambon repliée sur elle-même et 1 radis rose. Prévoyez 5 piques par enfant.

Roulé de jambon à la mousse d'avocat

Coupez 1 tranche de jambon en deux, tartinez-la avec 1 cuill. à soupe de fromage frais. Écrasez par-dessus un 1/2 avocat. Roulez la tranche sur elle-même. Découpez en petits tronçons et servez.

LISTE DES COURSES

- magret de canard
- pommes de terre
- navets
- carottes

Un plat simple et pourtant plein de saveurs !

Magret de canard aux petits légumes glacés

POUR 2 PERSONNES
PRÉPARATION : 15 min
CUISSON : 20 min environ

- 2 pommes de terre
- 2 carottes
- 2 navets
- 2 magrets de canard
- sel et poivre

> Pelez les pommes de terre, les carottes et les navets et coupez-les en morceaux. Faites-les cuire 15 min à l'eau bouillante.

> Pendant ce temps, quadrillez la peau des magrets en l'incisant avec un couteau sur toute son épaisseur. Dans une poêle chauffée à feu moyen, déposez les magrets côté peau et laissez cuire 15 min à feu doux (attention aux projections de graisse). Retournez les magrets côté chair, salez et poivrez ; laissez cuire 5 min, puis coupez le feu et retirez les magrets de la poêle.

> Jetez de la poêle une partie de la graisse et ajoutez les légumes égouttés. Remuez-les délicatement pour les enrober de jus ; salez-les. Découpez les magrets en médaillons de 1 cm d'épaisseur. Servez avec les légumes glacés au jus.

RECETTES POUR BÉBÉ

DE 6 À 8 MOIS :

Purée pomme de terre-navet-carotte

Faites cuire un 1/2 navet (50 g), une 1/2 petite pomme de terre (30 g) et 20 g de carotte avec les légumes du plat des adultes. Égouttez et mixez finement.

Soupe de navet et de pomme de terre

Faites cuire un 1/2 navet (50 g) et 20 g de pomme de terre avec les légumes des adultes. Égouttez et mixez finement. Délayez avec 1 dose de lait maternisé et 30 ml d'eau.

DE 9 À 12 MOIS :

Pressé de légumes au canard

Faites cuire 1 petite pomme de terre (80 g), une 1/2 carotte (80 g) et un 1/2 navet (40 g) avec les légumes du plat des adultes. Mixez grossièrement. Faites poêler 15 g de magret (sans la peau). Mixez finement. Posez sur l'assiette un cercle de 6 à 8 cm de diamètre et remplissez-le en alternant la purée et le canard mixé.

DE 1 À 3 ANS :

Parmentier de canard

Faites cuire 1 navet (100 g) et 1 belle pomme de terre (100 g) avec les légumes du plat des adultes. Mixez en purée. Faites poêler 30 g de magret de canard (sans la peau) ; coupez-le en petits dés. Déposez la viande au fond d'un petit plat à gratin. Ajoutez par-dessus la purée et servez, ou faites dorer quelques minutes sous le gril du four.

Verrine de canard aux légumes

Faites cuire 1 navet (100 g), 1 petite pomme de terre (50 g) et une 1/2 carotte (50 g) avec les légumes des adultes. Écrasez carotte et pomme de terre. Faites poêler 30 g de magret (sans la peau) ; coupez-le en petits dés. Remplissez une verrine en commençant par le navet, puis le canard et enfin la purée.

LISTE DES COURSES

- aubergines
- courgettes
- poivrons rouges
- thym frais
- pâte brisée préétalée
- feta
- huile d'olive
- vinaigre balsamique
- sucre en poudre

Tatin de légumes d'été

POUR 2 PERSONNES
PRÉPARATION : 15 min
CUISSON : 35 min environ

- 2 aubergines
- 3 courgettes
- 2 poivrons rouges
- 80 g de sucre en poudre
- 3 cuill. à soupe de vinaigre balsamique
- quelques brins de thym frais
- 200 g de feta
- 1 pâte brisée préétalée
- sel et poivre

> Préchauffez le four à 210 °C (therm. 7).

> Lavez les aubergines, les courgettes et les poivrons ; coupez-les en lamelles fines (à la mandoline si possible).

> Versez le sucre dans le fond d'un moule à manqué de 20 cm de diamètre. Mettez le moule au four jusqu'à ce que le sucre caramélise. Sortez le moule du four et répartissez le caramel en faisant incliner le moule, puis versez-y le vinaigre balsamique.

> Déposez les fines tranches de légumes sur le caramel en salant et poivrant au fur et à mesure. Parsemez de feuilles de thym. Répartissez ensuite la feta coupée en fines tranches. Recouvrez l'ensemble de la pâte en la faisant bien rentrer sous les légumes pour rendre l'ensemble hermétique.

> Faites cuire au four 30 min. Dégustez bien chaud.

RECETTES POUR BÉBÉ

DE 6 À 8 MOIS :

Purée arlequin

Mettez, dans un ramequin, 50 g d'aubergine, 40 g de courgette et 10 g de poivron rouge dont vous aurez retiré la peau. Faites cuire au four pendant 20 min, en même temps que le plat des parents. Mixez finement.

DE 9 À 12 MOIS :

Pressé d'aubergine à la feta

Mettez, dans un plat à gratin, 200 g d'aubergine avec un peu d'eau et faites cuire au four pendant 20 min, en même temps que le plat des parents. Mixez finement. Posez sur l'assiette un cercle de 6 à 8 cm de diamètre et remplissez-le de purée, puis disposez 1 petite tranche de feta sur le dessus et quelques dés de poivron.

DE 1 À 3 ANS :

Mille-feuille d'été à la feta

Mettez, dans un plat à gratin, 80 g de lamelles de courgette, 80 g de lamelles d'aubergine et 80 g de lamelles de poivron rouge, 1 cuill. à soupe d'huile et un peu d'eau ; salez légèrement. Faites cuire au four 20 min. Disposez les légumes en mille-feuille en intercalant 30 g de lamelles de feta. Parsemez de thym frais.

Salade fraîche de légumes d'été

Coupez en cubes 100 g de courgette, 100 g d'aubergine, 50 g de poivron. Mettez-les dans un plat à gratin avec 2 cuill. à soupe d'huile et un peu d'eau. Faites cuire au four pendant 20 min. Réfrigérez bien, ajoutez 30 g de cubes de feta. Assaisonnez d'un trait d'huile d'olive et de thym.

LISTE DES COURSES

- courge muscade (potiron)
- courgettes
- mini-potiron (pour la recette des 1-3 ans)
- mascarpone
- farine
- beurre
- parmesan
- chapelure dorée
- muscade
- huile d'olive

Crumble de courges au parmesan

POUR 2 PERSONNES
PRÉPARATION : 20 min
CUISSON : 35 min

- 500 g de courge muscade (potiron)
- 1 courgette
- 2 cuill. à soupe de mascarpone
- 50 g de parmesan
- 50 g de chapelure dorée
- 50 g de farine
- 50 g de beurre
- sel, muscade, poivre
- huile d'olive

>Pelez la courge et la courgette ; coupez-les en cubes. Faites-les cuire à l'eau bouillante salée pendant 15 min.

>Égouttez-les et versez-les dans un plat à gratin légèrement beurré ; salez et poivrez.

>Préchauffez le four à 180 °C (therm. 6).

>Ajoutez le mascarpone sur les légumes, puis râpez un peu de muscade.

>Mélangez du bout des doigts le parmesan, la chapelure, la farine et le beurre coupé en petits dés, jusqu'à obtenir un mélange sableux. Déposez ce crumble sur les légumes. Faites cuire pendant 20 min. Dégustez bien chaud.

RECETTES POUR BÉBÉ

DE 6 À 8 MOIS :

Soupe de courgette et de courge

Faites cuire 30 g de courgette et 30 g de courge à l'eau bouillante salée pendant 10 min. Mixez finement avec 2 doses de lait maternisé et 6 cl d'eau.

Purée de courge à la muscade

Faites cuire 100 g de courge à l'eau bouillante salée. Mixez finement, ajoutez au besoin un peu d'eau de cuisson et une pointe de muscade.

DE 9 À 12 MOIS :

Salade courgette-courge et copeaux de parmesan

Faites cuire 100 g de courge avec 100 g de courgette à l'eau bouillante salée pendant 15 min. Rafraîchissez-les sous l'eau froide, égouttez bien. Arrosez de 1/2 cuill. à café d'huile d'olive ; salez et poivrez légèrement. Mélangez puis parsemez la salade de quelques copeaux de parmesan.

DE 1 À 3 ANS :

Mini-potiron gratiné

Évidez un mini-potiron. Faites cuire 200 g de chair de potiron à l'eau bouillante salée pendant 15 min. Égouttez et mixez avec 1 cuill. à soupe rase de mascarpone. Remplissez le mini-potiron de cette purée, salez et poivrez. Répartissez 1 cuill. à café de parmesan râpé sur le dessus et faites gratiner sous le gril du four.

Gratin de courgette au parmesan

Faites cuire 200 g de courgette coupée en cubes 10 min à l'eau bouillante salée. Placez les cubes dans un moule à gratin. Ajoutez 1 cuill. à soupe rase de mascarpone, salez et poivrez. Parsemez avec 1 cuill. à soupe de chapelure mélangée avec autant de parmesan râpé. Faites gratiner sous le gril du four.

LISTE DES COURSES

- riz
- épices pour paëlla
- bouillon de volaille
- râbles de lapin
- anneaux de calamars (frais ou surgelés)
- crevettes (fraîches ou surgelées)
- chorizo
- oignons, tomates
- petits pois
- haricots plats
- poivrons rouges
- huile d'olive

Paëlla de lapin

POUR 2 PERSONNES
PRÉPARATION : 20 min
CUISSON : 40 min environ

- 1/2 poivron rouge, 1 tomate
- 1/2 oignon
- 100 g de haricots plats
- 50 g de petits pois
- 4 cuill. à soupe d'huile d'olive
- 4 râbles de lapin
- 50 g d'anneaux de calamars (frais ou surgelés)
- 4 crevettes crues (fraîches ou surgelées)
- sachet d'épices pour paëlla (5 g)
- 200 g de riz
- 50 g de chorizo
- 50 cl de bouillon de volaille

> Coupez le poivron et la tomate en dés. Hachez finement l'oignon.

> Écossez les haricots et coupez-les en petits tronçons. Faites-les blanchir dans un grand volume d'eau bouillante salée avec les petits pois.

> Dans une poêle à paëlla, mettez à chauffer 2 cuill. à soupe d'huile et faites-y dorer les râbles de lapin de tous les côtés pendant 10 min ; salez et poivrez. Retirez les râbles de la poêle, puis ajoutez les crevettes et les calamars, et faites-les cuire 10 min également ; retirez-les de la poêle.

> Dans la même poêle, versez 2 cuill. à soupe d'huile, ajoutez les épices pour paëlla, l'oignon haché, les dés de tomate et de poivron et le riz. Laissez le riz s'enrober de l'huile en remuant régulièrement avec une cuillère en bois.

> Disposez les râbles de lapin, les crevettes et les calamars cuits dans la poêle, ajoutez les haricots et les petits pois et enfin le chorizo coupé en rondelles. Versez le bouillon dans la poêle. Laissez cuire de 15 à 20 min à feu moyen, sans remuer et à découvert.

RECETTES POUR BÉBÉ

DE 6 À 8 MOIS :

Purée de haricots plats

Faites cuire 100 g de haricots plats pendant 10 min à l'eau bouillante. Égouttez et mixez finement.

Purée de petits pois au riz

Faites cuire 80 g de petits pois et 1 cuill. à soupe de riz long dans de l'eau bouillante pendant 10 à 12 min. Égouttez et mixez finement.

DE 9 À 12 MOIS :

Purée verte au poivron et lapin

Faites cuire 10 min, à l'eau bouillante, 100 g de haricots plats coupés en tronçons, 70 g de petits pois, 30 g de poivron rouge et 10 g de râble de lapin. Égouttez. Mixez les légumes verts, coupez le poivron en petits dés. Servez avec le râble grossièrement haché.

Purée de poivron rouge au riz

Pelez 150 g de poivron rouge et faites-le cuire à l'eau bouillante avec 20 g de riz, jusqu'à ce que le riz soit très tendre. Mixez très finement.

DE 1 À 3 ANS :

Salade de riz aux légumes et aux crevettes

Faites cuire 10 min, à l'eau bouillante, 50 g de riz, 50 g de petits pois et 50 g de haricots plats. Ajoutez 4 crevettes décortiquées, laissez cuire 5 min. Rafraîchissez le tout sous l'eau froide. Arrosez d'un peu d'huile d'olive, salez et poivrez légèrement, ajoutez quelques dés de poivron cru.

Crevettes sautées au poivron rouge

Décortiquez 4 crevettes crues. Coupez un 1/2 poivron en petits dés. Hachez un 1/2 oignon. Dans une poêle, faites chauffer 1 cuill. à café d'huile et laissez suer l'oignon à feu moyen, puis ajoutez les dés de poivron et enfin les crevettes. Montez le feu et faites sauter les ingrédients pendant 5 min.

Purée carotte-navet et effeuillée de saumon au romarin pour Louna (10 mois)
Papillote de saumon aux légumes du jardin pour papa

Papillote de saumon
aux légumes du jardin
pour maman
Saumon au romarin et
macédoine de légumes
pour Louis
(2 ans)

LISTE DES COURSES

- pavés de saumon
- haricots verts (frais ou surgelés)
- carottes
- navets
- vin blanc sec
- crème liquide
- romarin frais
- riz

Ouvrez les papillotes à table et régalez-vous de ce concentré de saveurs !

Papillote de saumon aux légumes du jardin

POUR 2 PERSONNES
PRÉPARATION : 20 min
CUISSON : 20 min

- 2 carottes
- 2 navets
- 150 g de haricots verts, frais ou surgelés
- 2 pavés de saumon
- 2 cuill. à soupe de vin blanc sec
- 2 cuill. à soupe de crème liquide
- 5 brins de romarin
- sel et poivre

> Pelez les carottes et les navets ; coupez-les en bâtonnets. Écossez les haricots s'ils sont frais ; si vous les utilisez surgelés, décongelez-les.

> Préchauffez le four à 180 °C (therm. 6).

> Placez chaque pavé de saumon au centre d'un carré de papier sulfurisé de 25 cm de côté. Arrosez chacun de 1 cuill. à soupe de vin blanc et de 1 cuill. à soupe de crème liquide ; salez et poivrez.

> Recouvrez le saumon de légumes, ajoutez le romarin. Fermez les papillotes hermétiquement. Faites cuire au four pendant 20 min. Servez avec du riz blanc.

RECETTES POUR BÉBÉ

DE 6 À 8 MOIS :

Purée de légumes au romarin

Pelez et coupez en petits dés 100 g de légumes (carotte, navet, haricots verts). Formez une papillote dans laquelle vous ajouterez une branche de romarin. Faites cuire au four 20 min avec les papillotes des adultes. Retirez le romarin et mixez finement.

DE 9 À 12 MOIS :

Purée carotte-navet et effeuillé de saumon au romarin

Coupez en petits dés 1 carotte (100 g) et 1 navet (100 g). Mettez-les dans une papillote avec 10 g de saumon cru et 1 branche de romarin. Faites cuire au four pendant 20 min avec les papillotes des adultes. Retirez le saumon et le romarin. Mixez finement les légumes. Effeuillez le saumon sur la purée.

DE 1 À 3 ANS :

Saumon au romarin et macédoine de légumes

Coupez en petits dés 1 carotte (100 g) et 1 navet (100 g). Coupez en petits morceaux une dizaine de haricots. Mettez-les dans une papillote avec 30 g de saumon et 1 branche de romarin. Faites cuire au four pendant 20 min avec les papillotes des adultes. Retirez le romarin et arrosez le saumon et les légumes avec 1 cuill. à soupe de crème liquide.

LISTE DES COURSES

- oignons
- courgettes
- pommes de terre
- tranche de jambon
- fromage frais à tartiner
- oeuf
- huile d'olive
- chapelure

Vous pouvez ajouter à ces paillassons 1 cuillerée à soupe rase de ciboulette ciselée.

Paillasson de courgettes au jambon

POUR 2 PERSONNES
PRÉPARATION : 20 min
CUISSON : 15 min

- 1/2 oignon
- 2 pommes de terre (200 g)
- 2 petites courgettes (200 g)
- 2 tranches de jambon
- 1 œuf
- 1 cuill. à soupe rase de fromage frais à tartiner
- 1 cuill. à soupe de chapelure
- 2 cuill. à soupe d'huile d'olive
- sel et poivre

> Pelez et hachez finement l'oignon. Épluchez et lavez les pommes de terre. Lavez les courgettes, retirez les pédoncules. Râpez pommes de terre et courgettes sur une râpe à gros trous.

> Coupez le jambon en fines lanières.

> Battez l'œuf en omelette avec le fromage frais. Versez sur les légumes râpés, puis ajoutez le jambon et la chapelure.

> Faites chauffer l'huile dans une poêle à feu doux. À l'aide d'une cuillère à café, mettez-y de petites galettes de légumes ; salez et poivrez. Faites dorer 10 min à feu moyen, puis retournez les paillassons et laissez cuire encore 5 min. Servez chaud.

RECETTES POUR BÉBÉ

DE 6 À 8 MOIS :

Purée de pomme de terre au fromage frais et courgette mixée

Coupez en petits dés 1 petite pomme de terre (80 g) et 20 g de courgette, pelées. Faites-les cuire dans une petite poêle, avec 2 cuill. à soupe d'eau et à couvert pendant 15 min à feu doux. Mixez la pomme de terre avec 1 cuill. à café de fromage frais et un peu d'eau de cuisson. Mixez la courgette et déposez-la sur le dessus.

DE 9 À 12 MOIS :

Purée de pommes de terre à l'œuf dur et dés de courgette

Faites durcir 1 œuf ; retirez le blanc, coupez le jaune en deux. Coupez 2 pommes de terre (150 g) et 50 g de courgette en petits dés. Faites-les cuire 10 min à l'eau bouillante. Mixez ou écrasez les pommes de terre. Servez la purée de pommes de terre agrémentée de dés de courgette et du demi-œuf dur.

DE 1 À 3 ANS :

Brochette d'omelette à la courgette et au jambon

Battez 1 œuf en omelette. Faites-le cuire dans une petite poêle avec quelques gouttes d'huile d'olive pour obtenir une très fine omelette. Réservez. Dans la même poêle, faites cuire 100 g de courgette coupée en très fines lamelles pendant 10 min et à couvert, puis laissez évaporer l'eau de cuisson en découvrant. Tartinez l'omelette avec 1 cuill. à soupe de fromage frais, puis déposez la courgette. Ajoutez une 1/2 tranche de jambon. Roulez l'omelette sur elle-même, puis coupez-la en tronçons. Enfilez ces tronçons sur une pique à brochette en bois avant de servir.

LISTE DES COURSES

- filet de poulet
- filet de boeuf
- poivron jaune
- poivron vert
- courgettes
- oignon
- figues fraîches
- huile d'olive
- miel
- citron
- thym frais
- cumin en grains
- paprika en poudre

Brochettes de viande au barbecue

POUR 2 PERSONNES
PRÉPARATION : 10 min
MARINADE : 30 min
CUISSON : 15 min

- 200 g de filet de poulet
- 200 g de filet de bœuf
- 2 cuill. à soupe de miel
- jus de 1/2 citron
- 1 cuill. à café de feuilles de thym frais
- 2 cuill. à soupe d'huile d'olive
- 1 cuill. à café rase de paprika
- 1 cuill. à café rase de graines de cumin
- 1/2 poivron jaune
- 1/2 poivron vert, 1/2 oignon
- 2 figues fraîches, 1/2 courgette
- sel et poivre

> Coupez le filet de poulet et le filet de bœuf en cubes ; salez et poivrez. Faites mariner les cubes de poulet dans le miel mélangé avec le jus de citron et le thym pendant 30 min. Faites mariner les cubes de bœuf dans l'huile d'olive mélangée au paprika et au cumin.

> Coupez les poivrons en cubes. Pelez l'oignon et coupez-le en quartiers. Rincez les figues et coupez-les en quartiers également. Détaillez la courgette en rondelles épaisses.

> Montez les brochettes de poulet en alternant viande marinée et légumes, puis les brochettes de bœuf de la même façon.

> Faites cuire au barbecue pendant 15 min en arrosant régulièrement avec les marinades respectives.

RECETTES POUR BÉBÉ

DE 6 À 8 MOIS :

Purée de courgette au barbecue

Faites une brochette avec 100 g de courgette coupée en petits dés. Laissez cuire 20 min environ au barbecue. Écrasez à la fourchette.

Purée courgette-poivron jaune

Faites une brochette avec 50 g de dés de courgette et 50 g de dés de poivron jaune. Faites cuire 20 min au barbecue. Retirez la peau du poivron. Écrasez les légumes en purée.

DE 9 À 12 MOIS :

Carpaccio de courgette grillée

Coupez 200 g de courgette en très fines lamelles (si possible avec une mandoline). Placez-les sur une grille de cuisson, saupoudrez-les de thym. Faites cuire au barbecue de 10 à 15 min. Laissez refroidir puis arrosez les lamelles de courgette de quelques gouttes d'huile d'olive.

DE 1 À 3 ANS :

Roulé de poulet et de courgette grillé au miel

Coupez une lanière de poulet de 30 g. Enroulez-la dans une lamelle de courgette. Piquez avec un cure-dent. Badigeonnez de 1 cuill. à café de miel liquide. Faites cuire 15 min au barbecue en retournant à mi-cuisson.

Mini-sandwich de bœuf et de figue

Tranchez 1 figue en deux. Coupez un morceau de bœuf de 30 g. Préparez un « sandwich » en entourant le morceau de bœuf des deux demi-figues. Piquez avec un cure-dent. Faites cuire 15 min au barbecue en retournant à mi-cuisson.

LISTE DES COURSES

- 1 génoise ronde (en supermarché ou à commander chez le pâtissier)
- crème pâtissière (sous vide en supermarché)
- sucre en poudre
- beurre
- fraises
- crème liquide
- eau de rose alimentaire (facultatif)
- billes de sucre roses et argent

Fraisier maison

POUR 4 PERSONNES :
PRÉPARATION : 40 min
RÉFRIGÉRATION : 1 h

- 125 g de beurre ramolli
- 25 cl de crème pâtissière (sous vide en supermarché)
- 25 cl de crème fraîche liquide, très froide
- 35 g de sucre en poudre
- 1 génoise ronde de 20 cm de diamètre (en supermarché ou à commander chez le pâtissier)
- 500 g de fraises (mara des bois de préférence)
- 1 cuill. à soupe d'eau de rose alimentaire (facultatif)
- billes de sucre roses et argent

> Battez le beurre au fouet à main pour qu'il devienne crémeux. À l'aide du fouet, incorporez-y, cuillerée par cuillerée, la crème pâtissière. Montez la crème liquide en chantilly ferme avec 25 g de sucre. Mélangez délicatement la préparation au beurre avec la chantilly. Placez cette crème mousseline au réfrigérateur.

> Tranchez la génoise en deux dans l'épaisseur. Placez le bas sur le plat de service dans un cercle à gâteau ou dans un moule à charnière correspondant à son diamètre. Coupez les fraises en deux.

> Mélangez l'eau de rose, 4 cuill. à soupe d'eau et 10 g de sucre dans un verre. À l'aide d'un pinceau, imbibez légèrement la génoise de ce sirop à la rose (étape facultative).

> Disposez des demi-fraises sur toute la surface de la génoise ; posez celles du pourtour côté tranché vers l'extérieur. Garnissez la génoise des 3/4 de crème mousseline, puis posez dessus le second disque et imbibez-le éventuellement d'un peu de sirop, puis étalez dessus le reste de crème en la lissant. Placez au frais pendant 1 h. Avant de servir, retirez le cercle et parsemez de billes de sucre roses et argent.

RECETTES POUR BÉBÉ

DE 6 À 8 MOIS :

Soupe de fraises à la chantilly
Mixez finement 100 g de fraises et décorez d'une pointe de chantilly.

Soupe de fraises à l'eau de rose
Mixez finement 100 g de fraises avec quelques gouttes d'eau de rose.

DE 9 À 12 MOIS :

Salade de fraises au sucre et à la chantilly
Coupez 200 g de fraises en très petits dés, parsemez de quelques billes de sucre et décorez d'une rosace de chantilly.

Écrasée de fraises à l'eau de rose
Écrasez 170 g de fraises à la fourchette. Arrosez 30 g de génoise avec une 1/2 cuill. à café d'eau de rose et 1 cuill. à soupe d'eau tiède. Mélangez bien.

DE 1 À 3 ANS :

Trifle aux fraises
Coupez 50 g de génoise en petits dés et mettez-les dans un verre. Ajoutez 50 g de crème mousseline et 4 ou 5 fraises coupées en deux. Terminez par une rosace de chantilly.

Milk-shake aux fraises
Mixez 200 g de fraises avec 8 cl de crème liquide et 2 glaçons. Servez bien frais.

LISTE DES COURSES

- poires
- chocolat noir
- oeufs
- sucre en poudre
- biscuits à la cuillère
- décorations en sucre multicolores

Facile et délicieux, un gâteau d'anniversaire à faire et à refaire.

Charlotte poire-chocolat

POUR 4 PERSONNES :
PRÉPARATION : 40 min
CUISSON : 15 min
RÉFRIGÉRATION : 2 h

- 4 poires
- 300 g de sucre en poudre
- 300 g de chocolat noir
- 6 œufs
- 300 g environ de biscuits à la cuillère
- décorations en sucre multicolores

> Pelez les poires et coupez-les en morceaux. Portez à ébullition 25 cl d'eau avec 250 g de sucre. Ajoutez les poires et faites-les cuire 15 min environ, puis égouttez-les. Conservez le sirop obtenu.

> Cassez 200 g de chocolat en morceaux. Faites-le fondre au bain-marie ou au micro-ondes. Cassez les œufs en séparant les blancs des jaunes. Montez les blancs en neige ferme avec 50 g de sucre.

> Lorsque le chocolat est fondu, ajoutez les 6 jaunes d'œufs, un à un. Incorporez délicatement les blancs en neige.

> Trempez rapidement les biscuits dans le sirop. Tapissez-en un moule à charlotte de 18 cm de diamètre. Remplissez le moule à moitié avec la mousse au chocolat. Ajoutez la moitié des poires, puis faites une couche de biscuits imbibés. Remettez de la mousse et les morceaux de poire restants, et terminez par une couche de biscuits. Couvrez le moule de film alimentaire et faites prendre 2 h au réfrigérateur.

> Démoulez la charlotte en trempant le fond du moule dans de l'eau tiède ; retournez-la sur le plat de service. Faites fondre 100 g de chocolat, versez-le sur la charlotte. Décorez de pastilles et de billes en sucre.

RECETTES POUR BÉBÉ

DE 6 À 8 MOIS :

Purée de poire aux billes de sucre multicolores

Pelez 1 poire et mixez-la finement. Ajoutez quelques billes de sucre et laissez fondre.

Purée de poire biscuitée

Mixez finement 75 g de poire avec 25 g de biscuits à la cuillère.

DE 9 À 12 MOIS :

Dés de poire aux copeaux de chocolat

Pelez 1 poire et coupez-la en très petits dés. Décorez de quelques copeaux de chocolat réalisés avec un épluche-légumes.

Purée de poire au chocolat

Pelez 1 poire et mixez-la finement avec quelques copeaux de chocolat.

DE 1 À 3 ANS :

Poire au sirop et chocolat fondu

Pelez 1 poire et faites-la cuire entière dans le sirop de sucre de la recette principale. Faites fondre 20 g de chocolat, arrosez-en la poire et décorez de billes de sucre multicolores.

Smoothie poire-chocolat

Faites fondre 20 g de chocolat. Pelez 1 poire et mixez-la avec le chocolat et 2 glaçons. Servez le smoothie bien frais avec une paille.

Toutes les recettes pour les petits

POUR LES 6-8 MOIS

POUR LES 9-12 MOIS

POUR LES 1-3 ANS

Direction de la publication
Isabelle Jeuge-Maynart et Ghislaine Stora

Direction éditoriale
Delphine Blétry

Édition
Ewa Lochet

Direction artistique
Emmanuel Chaspoul, assisté de Claire Mieyeville

Mise en page
Les PAOistes

Lecture-correction
Sylvie Porté

Couverture
Véronique Laporte

Fabrication
Annie Botrel

Remerciements de l'auteur
Un immense MERCI aux enfants qui ont participé à ce livre : Rosalie et Pénélope, Emma et Zoé, Anaïs et Quentin, Elé, Rose et mon petit testeur de recettes Raphaël ; je vous fais de gros bisous. Merci également aux parents Sidonie et Hervé, Flo et Raul, Christine et Frédéric, Ghislaine et Ogier, Carine et Jef, et mon amoureux Stephen.
Je remercie également les marques suivantes pour le shopping :
Béaba (toute la gamme est à retrouver sur www.Beaba.com ; des infos et conseils sur www.beablog.fr)
Blablakids (boutique en ligne : www.blablakids.com).

ISBN 978-2-035-93416-1

Les Éditions Larousse utilisent des papiers composés de fibres naturelles, renouvelables, recyclables et fabriquées à partir de bois issus de forêts qui adoptent un système d'aménagement durable. En outre, les Éditions Larousse attendent de leurs fournisseurs de papier qu'ils s'inscrivent dans une démarche de certification environnementale reconnue.

PAPIER À BASE DE FIBRES CERTIFIÉES

LAROUSSE s'engage pour l'environnement en réduisant l'empreinte carbone de ses livres. Celle de cet exemplaire est de :
700 g éq. CO_2
Rendez-vous sur www.larousse-durable.fr

Photogravure Turquoise, Émerainville
Imprimé en Espagne par Gráficas Estella, Estella
Dépôt légal : janvier 2017
318940/01-11034353-Décembre 2016